ウォルマートがアメリカをそして世界を破壊する

HOW WAL★MART is Destroying America and the World

ビル・クイン Bill Quinn
大田直子●訳 Naoko Ohta

SEIKO SHOBO

ウォルマート、とは……？

◉世界最大の小売業者（二〇〇二年度の売上は、全世界で二四六五億ドルを超えた。一九九八年に発行された本書の第一版では一〇〇〇億ドル強だったのに！）。

◉アメリカ最大の従業員数を誇る民間企業。二〇〇二年、アメリカで一〇八万、ほかの国々で二二万以上、全世界で合計一三〇万以上の人が、ウォルトン・エンタープライゼスのために働いている。

◉アメリカに三二一八の店舗を持ち、規模を問わずほぼあらゆる町や市に巣くっている。そのほかに四四〇〇の店舗を、アルゼンチン、ブラジル、カナダ、中国、ドイツ、韓国、メキシコ、プエルトリコ、イギリスで展開している。

◉略奪者。一九九一年のフォーブス誌の「最も裕福な四〇〇社」に掲載された記事に、ウォルマートの基本コンセプトが語られている。「小さな町や田園地帯のディスカウントストア。どの店舗も競合店を凍りつかせるほどの規模である」

装幀◉フロッグキングスタジオ

◉妻、レニー・クィン、五四歳に。彼女がいなければ私はトイレにさえたどり着けないだろう。

◉息子のリックスに。彼は二二年前に小規模経営の新聞社を継いで、この反ウォルマート本のような攻撃的なものを書けるように、老人を解放してくれた。

◉テン・スピード・プレス社長のフィル・ウッドに。ウォルトン・エンタープライゼスに対する彼の気持ちは私と同じだ。……その理由は「発行者からの言葉」に書かれている。

◉サンフランシスコ随一の有能な文筆家、クリスティ・ヘレンに。老人の単調な文章に磨きをかけて、一〇〇％以上反ウォルマートの一冊の本を、読者に供するように仕上げてくれた。

発行者からの言葉

一九九八年、私は誇らしい気持ちでこの本の第一版を発行した。それは当時の私にしてみれば、旧友である著者ビル・クィンへの好意であると同時に、たんなる頭痛の種では済まされない存在への抗議の表明だった。

◉

一九九五年のことだ。巨大なウォルマートの一部門であるサムズ・クラブが、私の社の本を三万部近く仕入れ、約二五万ドルを支払った。本が出荷されて二カ月後、彼らは発注した本の半分以上を返本し、売れなかった商品の代金の払い戻しを求めてきた。しかも、返品されてきた本の七割は傷みがひどく、もはや売り物にはならなかった。ウォルマートには中央倉庫がないので、商品は各店舗から返送されてくる。包装はあり合わせのもので済ませてあり、なかには梱包用の針金でくくられた束も二、三あった。

本書の第一版は、全米の読者の心に訴えかけた。それも、私の想像を超える強さでだ。販売部数は二万部を超えた。たくさんの電話や手紙が寄せられ、そのおかげで、ビルと彼を支援する人たちは全国津々浦々の大勢の人々と手を結ぶことができ、ウォルトン帝国に抗する合法的なネットワークを確立し、維持している。

第一版が出たあとも、少なくともこの小売業界の巨人の事業活動に関する限り、描かれたイメージは少しも良くなっていない。新版のタイトルが示すように、ウォルマートはわれらが愛するアメリカ合衆国の国境の向こうまでその触手を伸ばしており、世界中のビジネスと地域社会に深刻な脅威を与えている。現段階で、ウォルマートに対する係争中の訴訟は、アメリカだけでもじつに一万二〇〇〇から一万四〇〇〇件に上る。

◉

二年前にも言ったが、もう一度言いたい。この本を読んで、ウォルマートの厚顔無恥さに驚いてほしい。そして反撃しよう。この本がその方法を教えてくれる。

フィル・ウッド（テン・スピード・プレス）

ウォルマートがアメリカをそして世界を破壊する◉目次

第2章 ウォルマートが絶対確実に町に押し入る手口（と、こっそり入る3つの手口）……058

第3章 ウォルマートのとんでもなく欲深な2つの手口……072

第4章　ウォルマートに用心しなくてはならない6つの理由

第7章　あなたにもできることがある

WAL*MART
PHARMACY
LEE'S DRY-KLEEN
Smith's HARD

はじめに

ジャーナリストならだれでも――いまこれを書いている私も――世の中の邪悪な怪物に一矢報いるものを書きたいと願っている。

じつに邪悪な怪物が一匹いる。アメリカの片田舎では個人商店《パパママストア》をほぼすべて押しつぶし、大きな町ではシアーズやＪＣペニーのような善良な市民の店に大打撃を与えた、巨大ディスカウントストアだ。

ひょっとしてひょっとすると、本書を読んで、その巨大な影の支配に気づき、アメリカの消費財の小売店やメーカーにとっての最悪の敵――ひいては消費者にとって史上最悪の敵――がのさばるのを阻止できるくらい、大きな声で発言する人が出てくるかもしれない。

もちろんわかっている。勝てる確率は百万分の一だ。

だが、かまうものか。何と言ってもここはアメリカ、世界で唯一いまだに夢をかなえられる場所なのだ。

◉

私の生い立ちをかいま見ることで、私の反ウォルマート運動の真相を正しく理解していただけるかもしれない。

私の父は小さな町の鉄道員で、自分が働いていた町――ルイジアナ州に三つ、テキサス州に四つ――の住人を、ほぼ全員知っていることを誇りにしていた。クィン父ちゃんは一九二〇年にようやく、美しい東テキサスのグランドサリンという町に落ち着いた。

父はその町に深く根を張って、バプテスト教会の信徒の役員になり、教育委員会の委員に選ばれた。四六歳のとき、父と母は初めての――そして唯一の――マイホームを建てた。

父と母のあいだに生まれた二人の子供の二番目だった私は、父ちゃんの田舎人気質を受け継いだ。そして一五歳のとき、大人になったら新聞記者になるのだと世間に宣言した。だれも私の言うことなど信じなかった。それまでどの学年でも私がいちばんの劣等生だったという理由だけで。

たしかに、その野心はほとんど消えてしまうところだった。だが一九三五年、二二歳にしてようやく、私にも初めて新聞の仕事をするチャンスがめぐってきた。(テキサス州)ヴァンのバナーという週刊紙の編集と発行だった。月給は六〇ドル。ちなみにヴァンの人口は八〇〇人ほどだった。

一九四〇年、事態は好転した。生まれ故郷の町のグランドサリン・サン紙の編集長兼発行人になったのだ。購読人口は一七九九人。その後、それよりはるかにいい仕事に恵まれた。人口およそ四〇〇〇人の町ミネオラで、週二回発行される新聞の編集だ。

第二次大戦では二年と八カ月間、海外で兵役を務めた。初めは第三歩兵師団に所属し、その後第六軍団司令部に異動し、移動日刊紙の編集長に任命された。その新聞は、連合軍の上陸地点となったイタリアの港町アンツィオで発行が開始され、ビーチヘッド・ニュースというぴったりの紙名がつけられた。

除隊後、私は古い手動タイプライターとともにフォートワースに移り、業界誌発行の仕事に就いた。

私が刊行する雑誌はどれも、個人購読者に的を絞った地方紙と同じスタイルでやってきた。それでも平均以上の暮らしができる収入を、八四歳で引退するまで稼いできたのだ。

私の心の根っこは、「故郷」であるテキサス州グランドサリンを離れることはなかった。どこに住んでいるのかと聞かれると、私はいまだに東テキサスに顔を向ける。

最近の故郷はどうなっているのだろう? ウォルマートはない。けれども東へ二一キロ行ったミネオラと、南へ二一キロ行ったカントンに、ウォルマートのスーパーストアがある。その大規模店のおかげで、グランドサリンの小売店の半分以上が死んだ。

グランドサリンにはかつて、個人経営ながらもちょっとした規模の店が三軒あり、それぞれ繁盛していた。だが今は、一軒もない。最初に犠牲になったのは、私の妻の叔父がオーナーとして七〇年近く経営してきたデパートだった。二番目に店をたたんだのは、五〇年以上商売をしてきたデパート。三番目の犠牲者は、一九九八年の元日に永遠にその扉を閉じてしまった。町にあったほかの個人商店も、同じように被害を受けた。

ウォルマートの店一軒につき、一〇〇軒の家族経営の店が倒産していると言われている。つまり、なんと二五万軒もの個人商店の店主が、「もし災難が降りかかってきても、うちにはお金がないんだよ」と涙ながらに子供たちに言い聞かせているのだ。

そもそも私が、さまざまな話をこの本にまとめようという気になったのは、一九九一年のフォーチュン誌の記事がきっかけだった。故サム・ウォルトンを一週間ほど追いかけたフォーチュン誌の記者が、この〝アーカンソーの怪物〟について、こんな印象を述べていた。

◉非情で強欲なサム。彼は、競争相手――どんな規模、形態、業種であれ――に忍び寄り、まるで猟銃でウズラを撃ち落とすかのように、攻撃するのを楽しんでいる。〔傍点は引用者〕

◉サム・ウォルトンのビジネス理念が、アメリカ史上もっとも恐れられる小売業者となった無慈悲な会社の基礎を築いた。

◉まずは小さな町のはずれに、安普請の醜い巨大な店舗を建て、かつて栄えていた町の商店街《ダウンタウン》の店がほぼすべて廃業に追い込まれるほど、法外な割引価格で安売りをする会社。

◉小さな町に新しい働き口がたくさんできると約束するが、その働き口のほとんどが貧困家庭を維持するぎりぎりの賃金しか出ないもので、「アソシエイツ」と呼ばれる従業員のおよそ四割は労働時間が週四〇時間に満たないことを町の長老たちに告げようとしない会社。

◉一九七〇年代には、一〇〇年前から続いていた日曜休業の慣習を守ると約束したのに、一九八〇年代には礼拝の時間にもせっせと商売をするようになり、最近では二四時間営業を続けている会社。そのため、ほかの競合店も同じように営業せざるをえなくなっている。

◉アルコールを取り扱い品目に加えることはないと約束したのに、今ではアメリカ最大の「酒」の小売店になっている会社。

◉小さな町の新聞の支持を得るために、当初は大口の広告主になるのに、いったん事業が安定すると広告出稿をほぼすべてやめてしまう会社。

◉新しい地域に出店するために、アメリカの田舎町の「かなめ」になることを約束したのに、今では最悪の市民になっている会社。

反対運動をしているのは、もちろん私だけではない。反ウォルマート運動は、全米で起こっている。だがウォルマートとの闘いは、「ダビデとゴリアテの闘い」よりも厳しい。このアーカンソーのディスカウントストアは、あの手この手を使って押し入ってくる。自分たちに有利な判決を下すよう、裁判所に圧力をかけることもしばしばだ。

小さな町々を支配するのに成功したあと、アーカンソー州ベントンヴィル出身のあばれ者は、主要都市周辺の小都市やベッドタウンにも、サムズ・クラブやスーパーセンターで侵入した。
ウォルマートの侵略はとどまるところを知らない。最近の新聞を手に取れば、ウォルマートがカナダ、イギリス、ドイツ、メキシコでも大規模な店舗展開をしており、アルゼンチン、ブラジル、中国、韓国、プエルトリコにも進出し始めていることがわかる。

◉

二〇〇〇年、固い結束を誇るウォルトン家は、ウォルマートの収益の三八%を手にしている。金額にしておよそ一〇〇〇億ドルだ。だがウォルトン・エンタープライゼスの強欲は治まる気配がない。私たちとしては、力のある人たちが彼らを止めるために何かしてくれることを願うしかない。

◉

ウォルマートの強烈な反労働組合の姿勢は、サム・ウォルトン時代の初期から知られている。サムは「どんな状況にあっても、けっして組合の脅しにはのらない」と言っていた。そして今日、アメリカのウォルマートで働いている人は一三〇万以上(そしてほかの国々に二二万以上)いるが、組合のある店舗はアメリカに一店もない。第3章に、食品商業労働組合(UFCW)がウォルマートの精肉包装労働者たちを組合で守る闘いに勝利したという、元気が出るニュースを紹介している。小さなことかもしれないが、始まりではある。

◉

ウォルマートが進出したほぼすべての町や市が、壊滅的な影響を被っていることには、全米じゅうの地方議会にも大いに責任がある。各地方自治体の行政組織には、ウォルマートの侵略を遅らせる、あるいは止めるだけの力があるのだ。

武器はいろいろある。用途地域区分《ゾーニング》を変える。店舗の規模を制限する。その地域にふさわしい建築物を要請する。すべての入り口を派手に飾るのでなく舗装するよう求める。店舗のために上下水道を引いたり信号を設置したりする費用をすべてウォルマートに負担させる。店が警察にかける過度の通報に対し、一定の料金を徴収する。

あらゆる地方議会は備えるべきだ。そして、地元の有能な弁護士をそろえて、闘いに臨むべきだ。地方議会は、ウォルマートの店舗がある——あるいはウォルマートが進出しようとしている——周辺の自治体に議員を送って、ウォルトン・エンタープライゼスにお金を吸い上げられている地域が、彼らから実際どういう「お返し」を受けているのか調査するべきだ。ウォルマートは、市民クラブや商工会議所のメンバーになっているだろうか？　地元の公立病院の財政を援助してくれると期待できるだろうか？　学校の活動に寄付してくれるだろうか？

◉

州当局や連邦政府は、いつになったら、アメリカの流通業界における史上最悪の病根に目を向けるのだろう？

ウォルマートはすでに、アメリカの小さな町々を独占している。商店街が崩壊すると、その破片を始末するために、州当局か連邦政府に助けが求められることがある。一つだけ例を挙げよう。公立学校の運営費は、その四分の一が地方税によってまかなわれている。だがその貴重な地方税を逃れている最大の犯罪人はだれかと言えば、ウォルマートなのだ。

◉

スーパーセンターの進出は、ウォルマートを全米で筆頭の食料品店にするのが狙いだ。

それだけではない。ウォルマートは現在、大掛かりな方法で、比較的小さな都市や大都市圏をねらっている。ベントンヴィルのあばれ者は、彼らが「コンビニエンス・ストア」と呼ぶ、薬や売れ筋の食料雑貨を取りそろえた四六〇〇平方メートルの雑貨店「ネイバーフッド・マーケット」のテスト・マーケティングを、ウォルマートに侵されていない最後の砦《とりで》で行なっているのだ。

スタンダード・オイルやAT&Tを独占企業と判断した政府が、いまだに何もわかっていない。ウォルマートはアメリカのビジネスの一部を手に入れたがっているのではなく、すべてを欲しがっている。

もしもアメリカ連邦議会の民主党員と共和党員が互いに中傷しあうのをやめられれば、良心の呵責《かしゃく》などまったく感じないような一企業による深刻な脅威に気づくかもしれない。その企業は、全米最大であるばかりか、世界最大の小売業者だ。そして、その急激に増大した規模とパワーが、アメリカの「自由市場」システムの機能だけでなく、世界経済をも永久にゆがめてしまっている。

議会が目覚めるころ、巨人ウォルマートはただ彼らを見下ろしているだろう。不敵な笑みを浮かべて。

第1章 ウォルマートの出現で起こる7つの凶事

たとえばの話。あなたの住んでいる町はそう大きくはなく、人口は五千から三万くらい。何とかその程度の人口の需要に応えるだけのビジネスとサービスはあるが、発展している町ではなく、そのことを案じている人もいる。大規模な小売店が町を救うと考える人もいる。「もっと広い範囲から人やお金を引きつける、何か派手なものが必要だ」と。

そんなとき突然、高速道路沿いに一万四〇〇〇平方メートルの「箱」型の店ができる。隣の市との境界線ぎりぎりのところで、けっして「繁華街」ではない。農地か林、あるいはトレーラーの駐車場だった広大な土地がアスファルトで舗装され、フェンスが張りめぐらされる。そうなったら、サムがあなたの町にやって来たということだ。そこから最低でも半径五五キロ以内の商売を、自らの手に収めようとしている。

それがあなたとあなたの町にとって、どういうことを意味するのかを説明しよう。

凶事その1　あなたが小売店主なら、致命的な打撃を受ける

もしあなたが小売店のオーナーで、ウォルマートと直接競合するような商売をしている（つまり、金物類、薬、雑貨などを売っている）のなら、生死を懸けた闘いがすぐ間近に迫っている。ウォルマートの規模そのものが、信じられないほどの力として襲いかかってくる。

◉ウォルマートがやって来ることで、十中八九、かなりの興奮と期待が起こるだろう。町には、ウォルマートができることを望んでいる人がたくさんいる。そういう人は、大型ディスカウントショップが近くにできることの利点ばかり見ていて、自分たちが慣れ親しんできた町や日々の暮らしがどれだけ損なわれるか、たぶんわかっていないだろう。

◉ウォルマートは途方もなく大きいので、納入業者《ベンダー》や流通業者との取引は、ほとんど何でもやりたい放題だ（第3章を参照）。

◉ウォルマートは「便利で安い」という謳い文句（それが事実かどうかは別問題——第4章を参照）で、あなたの顧客を誘惑することができる。あなたやあなたの商売仲間が懸命に築

いてきた商店街《ダウンタウン》の、安易な代替を提供するわけだ。

◉ウォルマートは広告宣伝に多額の費用をつぎ込むことができる。そして初めはそうする。いつまで金をつぎ込むかについては、あとで説明しよう。

◉ウォルマートは「略奪するための価格設定」をするだろう。あなたに店をたたませようというわけだ。それも驚くほど短期間に。

地元の競合店に対して攻撃をかけようとするウォルマートの新規店は、競合店が売っている商品でなら損をしてもかまわないと考えている。あなたの売っている品物を調査し、そのうえで、もっと安い価格で提供する。

たとえば、あなたが金物店の店主だとしよう。その地域のウォルマートの店長は、あなたが何をいくらで売っているかを確かめる。そしてその商品を仕入れ、宣伝し、仕入価格ぎりぎり、あるいはそれ以下の値段で売る。こんなことを仕掛けられたら、あなたは張り合うために損をするしかないし、そのうち店をたたまざるを得なくなる可能性が高い。そうなったらウォルマートは、金物類を好きな価格で売ることができる。競争相手、つまりあなたの店はつぶれてしまったのだから。

ウォルマートは、既存の商店を打ちのめして、商売を奪う。町の人たちは、大きくてピカピカのウォルマートが、町の外からお客を引っぱってくることで、町にもっとお金が入ると期待する。たしかにウォルマートは町の外のお客を引き寄せるだろうが、小さな町の小さな商店の大半がつぶされていいほど、その恩恵が大きいことはほとんどない。現実にそういう事態になっている。「ウォル化」された町の周辺では平均一〇〇軒以上の店が、結局廃業に追い込まれているのだ。

ある州の犠牲者数

一九九五年にアイオワ州で行なわれた調査では、一九八三年の進出以来、ウォルマートが州に与えてきた影響が明らかにされている。

洋品店の五〇%が廃業。
金物店の三〇%が廃業。
建材店の二五%が廃業。
雑貨店の四二%が廃業。
靴店の二九%が廃業。
宝石店の一七%が廃業。
百貨店の二六%が廃業。

この一九九五年の調査を二〇〇〇年版に更新したら、この数字が少なくとも五割増しになるのは間違いない。

凶事その2
失業者が出る

ウォルマートが小さな町に進出しようとするときにぶらさげる、いちばん大きなニンジンは「雇用拡大」の約束だ。伸び悩んでいる町にとっては、じつに魅力的な提案である。新しい大きな店には、そこで働く人がたくさん必要ではないか。

けれども、「ニューヨーク州レークプラシッドの健全な成長を求める住民の会」によると、ウォルマートに就職する人一人に対して、少なくとも一・五人が職を失うという。ほかにも多くの調査が同じような数字を示している。

その最大の理由はこうだ。一〇〇万ドルの売上を得るのに雇う従業員数が、小さな会社だと一〇六人なのに対して、ウォルマートは六五から七〇人と言われている。つまりウォルマートは少ない人件費でたくさん儲けられるということであり、現にそうしている。それがウォルマートの成功を支える土台の一つなのだ。

さらに、ウォルマートなどの大規模小売店の進出で約束される新しい雇用は、じつは製造業などの雇用とは異なる。この事実が時として見落とされている。もし町に新しい工場ができるのなら、それまでなかった雇用が本当に生まれる。一方、新しい店ができたとしても、それまでもその町で手に入っていたような商品を主体に売るのなら、すでに使われていたお金の流れが変わるだけだ。ウォルマートが約束するのは「雇用創出」ではなく「雇用の再配置」であり、それがやがては「雇用喪失」につながる。

もうひとつ覚えておくべきことがある。ウォルマートが提供する仕事はパートタイムが多く、賃金水準は低い。たぶんウォルマートの従業員の勤務時間は、通常の週四〇時間より短い（ウォルマートは「フルタイム」を週二八時間以上と定義している）。そして従業員の六割から七割は（フルタイムもパートも）、健康保険に入っていない。全員が低賃金で、店の売上が少しでも落ちると、勤務時間のカットか一時解雇を余儀なくされる。

凶事その3　他業種だって被害を受ける

ウォルマートと直接競合しない（同じものを売るわけでない）業種の人たちは、新しく大きな店が近くにできることに、警戒しながらも、何となく明るい見通しを持っているかもしれない。ひょっとするとウォルマートは、町で財産のおすそ分けをするかもしれない、お金をばらまくようなことをしてくれるかもしれない、と考えるのだ。だが当てにしてはいけない。

地元の新聞への広告出稿

ウォルマートが町に初めてやって来る、これを地元の新聞社は福音のように思うかもしれない。全面広告！　カラーの折り込みチラシ！　サムが運んでくる広告費はたなぼたのように思える。でもちょっと待って。地元の薬屋と洋品店と金物屋と電器屋が店をたたんだとたん、ウォルマートはそれまでお金をつぎ込んでいた新聞広告の出稿をほぼすべて取りやめるだろう。このやり口に初めて言及したのが、一九九三年のウォールストリート・ジャーナルに掲載された記事だった。

ある通信記事に、ウォルマートに手を引かれて激怒した、小さな新聞社の社主二人の話が引用されている。

◉アーカンソー州のある町で、ウォルマートは目標の市場占有率を確保したとたん、地元での広告を徹底的に削減した。そのあげくにウォルマートは、自店がスポンサーになっている催事のパブリシティを地元紙に依頼した。その新聞社の社主は、元広告主のウォルマートには煮え湯をのまされていたので「冗談じゃない」と息巻いた。「この地域の広告にこれっぽっちもお金を出さない会社のために、ただでパブリシティなどやるものか」

◉もうひとりの社主——テキサス州スナイダーにある新聞社の社主——は、ウォルマート創業者のサム・ウォルトンが町を視察しに来たとき、彼を取材しないかと誘われた。「ありがとう。でも遠慮しとくよ」と、その社主はウォルマートの店長に言った。「うちの新聞には広告に値するような読者数がいないのに、何だって写真を掲載させようとするんだい？」

ウォルマートのある役員によると、サム・ウォルトンの生まれ故郷であるアーカンソー州べントンヴィルでも、ウォルマートは地元紙にほとんど広告を出さない――そしてサム自身の息子が、その新聞社のオーナーなのだ。

（テキサス州の）ラメサ・プレスレポーター紙の発行人であるウォルター・バックルは、地元のウォルマートの店長に広告を新聞に出してほしいと、何カ月にもわたって毎週電話をかけた。彼が話をしたその店長は、まるで断るのを楽しんでいるかのようだったという。「うちはダイレクメールをやろうと思っているんですよね」

ウォルターは、自分の町と長年の仕事仲間たちに、何が起こっているかを悟った。その結果、町での起業《ベンチャー》がどんどん減っている。そこでウォルターは、故サム・ウォルトンに一通の手紙を送りつけた。その手紙は、ウォルターと同じように反撃する根性のある新聞社の社主たちのあいだに広まった。

ウォルターの手紙は（あまりに長くて全文を掲載することはできないが）、すべての基本原理にきちんと言及している。

◉私は当地ラメサで四七年間暮らし、二一年間新聞の仕事をしていますが、ダイレクトメール会社の中で、一セントでもラメサに寄付した会社はおろか、ラメサの将来を少しでも考えている会社にはいまだかつてお目にかかったことがありません。彼らは私たちから搾り取るだけで、何もお返しはしてくれません。ウォルマートがそのような（広告）ビジネスをサポートしているのが残念です。私たちは地域社会を築いているのだと考え、受け取った分だけ惜しみなく与えたいものです。弊社の新聞の販売部数は四九六八部、販売地域における普及率は八〇パーセントに達します。

八〇パーセントの普及率を、ほかのジャンクメールと一緒に配達されるウォルマートのダイレクトメールと比べてほしいものだ。

◉貴殿の店を第一面のニュースで取り上げるために、カメラを持ってウォルマートの店に急ぐダイレクトメール会社など、考えもつきません。私どもの新聞社は、貴殿が必要とされるときはいつでも取材に駆けつけます。ウォルマートは「本物のアメリカ」を支持する必要があります。そしてそれは、テキサス州ラメサのような、故郷の町で始まるのです。ダイレクトメール業者ばかりを重用して地元紙を破滅させるということは、サム・ウォルトンの信条だと人々が信じさせられている理念を破滅させることになるのです。

「理由を説明する必要はない」

アーカンソー新聞協会（ＡＰＡ）の理事によると、ＡＰＡの役員三名が、ウォルマートのマーケティング担当副社長、ポール・ハイアムと会合を持った。三人の使命は、自分たちが代表する日刊紙および週刊紙に広告を出すように、ウォルマートを説得することだった。

三名のＡＰＡ役員は新聞業界では著名な人たちだった。オクラホマ新聞広告代理店のバリー・ニュートン、アメリカ南部の新聞社団体を代表するジュリア・ジャクソン、そしてＡＰＡ幹部理事のデニス・シック。シックの話では、三人はハイアム副社長との内々の会合を期待していたという。ところが彼らを出迎えたのは、四人の媒体バイヤーで、全員かなり若く、そのうちの二人はウォルマートの新入社員だった。

数分後にハイアム副社長が現われ、三人の来訪理由を訊ねた。ハイアムが三人との会合に乗り気でないことは、すぐに明らかになった。それから二時間、ハイアムは「前もって用意して練習してきた」演説をぶったのだ。その中には、こんな言葉もあった。

新聞（広告）はコストが高すぎる。

新聞のニュースや論説の内容は、質が悪いうえにさらに低下している。

新聞は儲けすぎだ。

ＡＰＡ側が質問した。「なぜウォルマートは、一つの新聞に広告を出して、別のよく似た新聞には出さないことがあるのですか？」

ハイアムはこう答えた。「わが社のやることの理由を説明する必要はありません」

それなら、新聞社はどうすればウォルマートとの取引を実現できるのでしょうか？

「わが社には、新聞だろうがだれだろうが、代弁者は必要ありません。自分たちの言いたいことは自分たちで言います」

会合の場から出るとき、ＡＰＡメンバーの一人がつぶやいた。「これまで相手にした人間の中で、いちばん横柄で失礼なやつだった」

地元銀行

各店舗の日々の売上をすぐに、アーカンソー州ベントンヴィルの本社に直接移すのも、ウォルマートの総合事業戦略の一部だと言われている。したがって、地元の銀行にウォルマートの口座があっても、それは町から現金をはき出させるのに使われているに過ぎない。その口座にお金を流し込み、翌日には町の外へと送り出す。銀行がその現金を資金として運用できないばかりか、町にもいっさい利益は落ちない。

一つの経験則として、小さな商店で使われる一ドルは、その地域を出る前に少なくとももう一回使われる（その地域に出入りする旅行客などの部外者があまり多くなければ、さらに回数は増える）。つまり、一ドルが地元の金物店にではなく、ウォルマートに支払われる場合、金物店にその一ドルが入らないだけではないのだ。その店に配達を行なう運送会社にも、その店の店長が夕食をすます定食屋にも入らない。その代わりその一ドルは、ベントンヴィルにあるウォルトン家専用の金塊貯蔵庫に直行して、世界中から集まる何十億ドルというお金と一緒になるのだ。

もっと大局的な見地から考えると、ウォルマートが地元の銀行と関係を持たないために、町全体の発展が妨げられかねない。小さな町はしばしば、発展の原動力として地元の銀行を頼りにする。そこで資本が投資家と出会い、新しい事業が生まれるのだ。けれども資本が毎日、朝のフライトでアーカンソーに飛んでいってしまうなら、起業家（つまり雇用主になるかもしれない人）は一ドルも手に入れられないまま、ほかの土地に行くか、あきらめるしかない。

観光への影響

あなたの町は、歴史上有名なマサチューセッツ州のスターブリッジや、ワシントン州のギグハーバーのような魅力的な町だろうか？　あなたの町の雰囲気を満喫するために、外部から人がやって来るだろうか？　そういう金離れのよい旅行者たちが、一目でそれとわかる、ウォルマートの例の大きな箱型プレハブ店舗を見たいと思うかどうか、よく考えたほうがいい。

ニューヨーク州のレークプラシッドでは、町への出店を計画しているウォルマートについて旅行者や観光客がどう考えるかを知るために、地元住民が調査を行なった。結果は以下のとおりだった。

◉回答者の九四％が、レークプラシッドでウォルマートを見かけたら幻滅するだろうと答えた（うれしいと答えた人が三％、どちらでもないと答えた人が三％）。

◉九五％の人が、ウォルマートはレークプラシッドの魅力を損ねるだろうと答えた（魅力を増すと答えた人が二％、魅力への影響はないと答えた人が三％）。

◉七二％の人が、ウォルマートがあったらレークプラシッドをもう一度訪れる可能性が低くなるだろうと答えた（再訪する可能性が高くなると答えた人が二％、どちらでもないと答えた人が二六％）。

おわかりいただけただろうか？

ところで、今挙げた三つの町――マサチューセッツ州スターブリッジ、ワシントン州ギグハーバー、ニューヨーク州レークプラシッド――はすべて、町へのウォルマートの出店を阻止することに成功した。その成功の要因は、率直で粘り強い住民たちの組織的な運動だった。じつに厳しい闘いの末だったケースもある。あなたの町にもできることだ。第7章を参照していただきたい。

「打倒、競合店！」

ウォルマート・チェーンができた当初から、「アソシエイツ」（つまり従業員）は、自分たちが職を失わないために、町内のあらゆる個人商店と闘わなくてはならない、と檄《げき》を飛ばされているという話だ。やつらはウォルマートを消そうとしている（！）、というわけだ。「支配せよ！　優位に立て！」とウォルマート本社の人々は、店長や部門長に創業当初から説教してきた。

たしかに当初、ウォルマートの競争相手はおもに小さな町の個人商店だったにもかかわらず、ウォルマートには「敵対的」な態度があった。だが現在ウォルマートは、むしろもっと親切で優しいイメージを出している。「私たちは地域社会を大事にします。私たちはよき隣人です。ほかの小売店にも十分なチャンスがあります」

だが新しい表現になって戻ってきた。一九九〇年代終わりになってもまだ、「打倒！　競合店」と言われているのだ。ニューヨーク州のタイコンデローガで、ウォルマートの従業員が、従業員用のラウンジに貼られている「打倒！　競合店」のポスターの写真をひそかに撮影して、ウォルマートの価格破壊攻撃を受けている五つの小売業者の一つ、グレート・アメリカンの店長に渡した、と伝えられている。

グレート・アメリカンはどうなったか？

悲しいことに、ウォルマートの「打倒！　競合店」キャンペーンが成功したのだ。

凶事その4　商店街が消滅する

これはウォルマートが進出した町には、よくあることだ。そしてウォルマートの計画の一部なのだ。商店街《ダウンタウン》の代わりになるものを巧みに組み合わせ、大掛かりに宣伝広告するのは、ウォルマートの常套手段になっている。

ウォルマートの出店計画に絶対欠かせないのは、商店街の外に建設用地を選ぶことだ。ウォルマートは、町の目抜き通りや商業地域から離れた未開発の土地に店舗を建設する。しかもウォルマートの開発業者《デベロッパー》は可能な限りの最低価格で土地を買い、その土地を、明らかに自分たちの都合のよいように舗装する。町の総合的な開発計画との調和など考えず、町にあるほかの企業と協力することもない。ウォルマートは、自分たちの望む立地条件も経営方法もわかっている――ほかの企業に近くない場所で、ほかの商店と協力しない。ウォルマートがやって来るのは、競争相手を破滅させてお金を儲けるためであって、地域社会を築くためでも、既存の地域社会に加わるためでもない。

警戒心を抱いた地方の活動家グループが、ウォルマートが進出してくると地方経済がどうなるかを研究した。その結果はぞっとするようなものだ（驚くにはあたらないが）。「歴史的な町（ニューヨーク州）イーストオーロラを救う会」は、町に新しくウォルマートができたら、「地元の小売店、とくにメインストリートの商業地域は、これまでの売上の六八％を奪われるだろう」と推定している。恐ろしい話だ。

凶事その5　納税者が災難の費用を支払う

ウォルマートのような大規模な小売店舗は、街路、上下水道、電力など、多くの都市インフラを必要とする。そしてそういう公益サービスを新規に供給しなくてはならないことが多い。なにしろウォルマートは、自分たちの理想の計画にもとづいて未開発の土地に建設するのだから。損得ずくのサムのことだから、自分が使うものの費用であっても、ほかの人に押しつけられるのなら、黙って払うわけがない。

実際、ポートランド・オレゴニアン紙の報告によると、ウォルマートがオレゴン州レバノンに店を開いたとき、「市議会で大いにもめた。ウォルマートが市に、街路や上下水道を改善し、信号を新設するよう〝提案〟したのだ。その費用は締めて五〇万ドルと推定される」

思い出してほしいのだが、この提案をしたのは、レバノンで生まれたお金を、町のものに投資することなどほとんど考えず、翌日の朝には町の外に送り出してしまおうというディスカウント業者なのだ。町は豪華な赤い絨毯《じゅうたん》を敷いて、自分たちを迎えてくれたばかりだというのに。

ニューヨーク州ニューパルツの開発計画局は、ウォルマートのスーパーセンター建設を許可した場合、市が（財政的に）どうなるかを試算した。その示唆に富む結果は次のとおりだ。

ウォルマートの固定資産税	プラス　一〇〇、〇〇〇ドル
市の公益事業の費用	マイナス　二九、〇〇〇ドル
追加公益事業の費用	マイナス　五、〇〇〇ドル
他の三つのモールからの税損失	マイナス　二九、〇〇〇ドル
固定資産税の五割減少	マイナス　五〇、〇〇〇ドル
町の赤字合計	**一三、〇〇〇ドル**

つまり、控えめに見積もっても、町は実際、一年に一万三〇〇〇ドルも損をすることになるわけだ。この見積もりには、廃業する店、職を失う人々、そしてベントンヴィルに直行してしまう地元の現金にまつわる損失は含まれていない。ニューパルツがウォルマートの出店申請を認可しないことに決めたと聞いても、驚かないだろう。

さらに、ウォルマート出店にともなう隠れたコストはほかにいくらでもあり得るが、そのなかには事前の予測や注意がむずかしいものもある。

たとえば、ニューヨーク州ノースエルバの町には、近隣の「レークプラシッドの健全な発展を求める住民の会」によると、かなり安価な料金で水力発電による電力が配分されている。だがウォルマートがこの地域に進出してくれば、電力需要は著しく増大し、それにともなって料金も上がることになる。一企業市民（つまりウォルマート）が新しく入ってくるために、ノースエルバの電力使用量は配分をはるかに上回ることになり、みんなの料金が大幅に上がることになるのだ。

このコストについて、ウォルマートのノースエルバ出店計画書のどこかに説明されているだろうか？　あやしいものだ。

地元行政の負担増

ウォルマートが開店すると町が取り組むことになるコストが、ほかにもある。必要な行政官の増加にともなう費用だ。多くの田舎町の警察署が、予期せぬ仕事量の増加について率直に語っている。ウォルマートの店舗はほとんどが町のはずれにある。そしてその店が広い範囲から顧客を引き寄せる一方で、大型ディスカウントストアのおかげで増える騒動に対応しなくてはならないのが、町の警察と裁判所なのだ。「あそこで発生する問題は、私たちが分担できる量を超えています」と、マサチューセッツ州エーヴォンの都市行政委員長ウィリアム・エンライトは言う。「町としては、裁判に多額の費用がかかります」

凶事その6　ほかの町にも被害はおよぶ

ビジネスや生活への悪影響を感じるのは、実際、市内にウォルマートの店がある町だけではない。だがこれもまた、計画に折り込み済みのことなのだ。

ウォルマート一店の販売エリアは直径約一一〇キロメートルで、その地域をすべてカバーするのもウォルマートの企業戦略の一つになっている。ということは、アメリカ全土が少なくとも一店のウォルマートの販売エリアに入ることになる。したがって当然、多くの町がほとんど何の見返りもなく、近隣のウォルマートに商売を譲ることになる。私の故郷のテキサス州グランドサリン(人口三〇〇〇人)を例に挙げよう。

私はその町で育った。一九二〇年代や三〇年代には(そして四〇年代も五〇年代も、もっとあとも)、商店街では駐車場を探さなくてはならなかった。だが今では、ほとんど空いている。かつては一週間でいちばん買い物客の多かった土曜日は、さらにがら空きだ。町の売上税(消費税)収入は、一二カ月で五四パーセント落ちた。ファースト・ナショナル銀行は支店を閉鎖した。かつては薬局が三軒、洋品店が三軒、電器屋が三軒あったが、今ではそれぞれ一軒、ゼロ軒、ゼロ軒だ。

グランドサリンにウォルマートはない。だが二〇キロしか離れていないミネオラとカントンにある。グランドサリンの地元商店は落ち目になって消えていき、商店街は衰退した。グランドサリンは、商業的にはウォルマートを中心とするミネオラとカントンの周辺地域という位置づけになりつつある。私の愛する町でこんなことが起きるのを見るのはつらい。

凶事その7　ウォルマートは突然移転する

もっと恐ろしいのは、ウォルマートによって本当に身ぐるみはがれた町の悲痛な体験談だ。小さな町の生き血だけでは、世界最大のディスカウントストアを養うに足るとは限らない――それだけのことだ。オクラホマ州ノワタの例に注目してほしい。この町は、ウォルマートの拡張と合併の方針によって、一度ならず二度までも打ちのめされた。

ノワタはオクラホマ州中北部に位置する人口四〇〇〇の石油の町だ。一九八二年に出現したウォルマートは、あっという間に「新しい商店街」になった。ニューヨーク・タイムズの記事によると、世界的な石油価格の暴落による消費不況と、例によって派手なスーパーストアの開店が重なって、地元の店のおよそ半数が廃業に追い込まれた。一〇年のあいだ、ウォルマートはノワタ最大の企業であり、七〇人の従業員を抱える、町で二番目の雇用主だった。

ところが一九九四年、ウォルマートが去って、ノワタの町は再び壊滅した。この町ではさまざまな商店が「箱型店舗」の犠牲となり、みるみるウォルマートの存在に依存するようになっていたのに。

ノワタの住民は高齢の割に貧しいが、義理がたくウォルマートで買い物をして、その売上の安定に貢献していた。その店から九〇年代前半に支払われた売上税を分析すると、ノワタの住民は、一人平均で少なくとも年間一二〇〇ドルをウォルマートで使っていたことがわかる。ウォルマートが夜間だけ仮預金したファースト・ナショナル銀行ノワタ支店の支店長ブライアン・L・リーは、ウォルマートから毎日受け取る金額は、店ができたときからずっとそうだったように、閉店の直前も安定していた、と証言している。

それなら、いったい何が起こったのだろうか？　ノワタの善良な市民は——アメリカ全土で増え続けるウォルマート・タウンの住民と同じように——ウォルマートの成長戦略の次の局面にはまったのだと思われる。それは「新設・合併」だ。

手短に言うと、ノワタからおよそ五〇キロ離れたバートルズヴィルに、新しくウォルマートのスーパーセンターが建設されることになり、古くて規模の小さいウォルマート二店——南のノワタと東のポーハスカの店——は、消えなくてはならなかったのだ。その二軒の小規模店で買い物をしていた人たちは、テニスシューズやプラスチック製つり道具入れを買うのに、今度はバートルズヴィルまで出かけなくてはならなくなった（ウォルマートのスーパーセンター「新設・合併」戦略については第6章を参照していただきたい）。

ノワタはウォルマートの撤退によって、再度の惨事に見舞われた。大勢の人々が職場から放り出された。車を持っていない多くの住民は、日用必需品の買い物ができる唯一の場所を失った。さらに、売上税が入らなくなったため、一九九五年の一二〇万ドルの予算に対する八〇万ドルの歳入不足を埋めるのに、市の財政当局者は奔走することになった。この難局を切り抜けるために、ナンシー・シップレー市長は職員を一時解雇し、開発計画を中止し、増税を行なった。上下水道税は三二%も跳ね上がったのだ。

町にしてみれば、何よりも〝裏切られた〟という思いが強かった。ウォルマートはある日やって来て、無理やり町がウォルマートなしではやっていけないようにしたあげく、何も言わずに引き揚げていった。それどころか、ノワタのウォルマートは閉店する直前に、店の前にこんな張り紙までしたのだ。「うわさは誤解です。ウォルマートはずっと当地で営業します」

この張り紙について質問された総務担当副社長のドン・E・シンクルは、それを張ったのは「その時点の市場調査にもとづいてのことであり、その後の〔店を閉じるという〕決定は、その後の市場調査にもとづいてのことだった」と答えた。確固とした信頼のおける企業の方針が、こんなことでいいのだろうか？

ある意味で、世の中はそういうものだと言えるかもしれない。企業が撤退して、見捨てられた地域社会がひどい痛手を負うこともある。これはビジネスをするなら払うべきコストの一部なのだ。けれども、同じ巨大小売業者に二度までもひどく打ちのめされたノワタのような町にとっては、そのコストはあまりにも高い。とりわけそれを払うのが、損失のいちばん大きな住民だという場合は。

第二のノワタとも言うべきテキサス州ハーンの話を、一七五ページで紹介しよう。

「彼らはひたすら、ほかの店をすべてつぶそうとしている」

フォートワースのスター・テレグラムは、二〇〇〇年一月初め、ダラス・フォートワースの大都市圏のビジネスマン全員が動揺するような記事を掲載した。この地域にはすでにディスカウントストアがひしめいている。

この地域にすでに四〇の店舗を展開しているベントンヴィルのやつらが、二、三年のうちに新たに五〇店開く計画を発表したのだ。テレグラム紙によると、この計画で売場面積は四六万平方メートル以上増えるという。

もちろんこれは、テキサス州のこの地域にある一〇〇〇軒以上の小さな個人商店にとって、「死」を意味する。

シービー・リチャードエリス社で小売仲介業を担当しているジム・ホイットンは、こんな感想を述べている。

「ウォルマートは恐ろしい成長モードに入っている。ひたすら、ほかの店をすべてつぶそうとしている」

それなら……また、この疑問を投げかけざるをえない。

どれだけ大きくなれば気がすむのだろうか？

読者からの手紙

「一切れの人生が終わった」

オハイオ州アライアンスのヒルクレスト・マーケットにあったブランドン菓子店の、ショーケースを見るだけで涎《よだれ》が出るようなアップルパイは、もう二度と食べられない。味覚を誘惑する自家製アップルパイもチェリーパイもないし、ピーカンパイ、パンプキンパイ、ルバーブパイ、ブルーベリーパイ、レモンメレンゲパイ、ココナッツクリームパイ、チョコレートパイ、それにバナナパイもない。ヒルクレスト・クッキーも、誕生日などを祝うための特別なケーキもない。みんな最高級の材料で作られていたのに。

店主のデーヴィッド・ブランドンは私たちに宛てた手紙で、「人口二万五〇〇〇のこの町いちばんのベーカリー」が閉店することになった元凶として、ウォルマートの安売りパン菓子売場を名指ししている。

たしかに、クリスマスや感謝祭や誕生日などに家族がほしがる特別なお菓子を買うために、人々はヒルクレストのベーカリーに来ていた。だが特別な日の買い物だけでは、ウォルマートの派手な「いつでも低価格《オールウェイズ・ロープライス》」の看板から、人々を引き離すだけの力はなかったのだ。

同じく気がかりなのは、過去三〇年間ヒルクレストでパン職人の頭《かしら》を務め、みんなから愛されてきたバーブ・モーザーが、もうそこにはいられないことだ。店のマネージャーたちもバーブも涙が止まらなかった送別会のあと、彼女はほかの仕事を探さなくてはならなかった。

デーヴィッド・ブランドンは、バーブが人生最高の職場を去る話が載っている新聞の第一面を同封してきた。見出しはこうだ。

「一切れの人生が終わった」

ブランドンは、こう付け加えている。

◉あなたが著書に書かれている包囲作戦は、実際に進行しています。巨人ウォルマートはこの町にあり、四〇キロ西のオハイオ州カントンにもあり、四〇キロ東のセーラム市にも進出しようとしています。あなたの本をもっと早く読んでいればよかったと思います。

「**汚い手を使う**」

最近ウォルマートがアマゾン・ドットコムを相手に起こした訴訟——美しいワシントン州にあるアマゾンでのはるかに条件のいい仕事に、ウォルマートの従業員をアーカンソー州から引き抜いたかどで告発している——を、友人のローリー・ヘルムリングは面白がっている。インディアナ州ビンセンズとその周辺に、三軒の最新式スーパーマーケットを所有して経営しているローリーは、手紙にこう書いてきた。

◉私の店はまだ営業しているし利益も上げているが、スーパーセンターが三年前に開店し、うちを廃業に追い込もうとするようになってから、私は一〇歳年をとった。あの〝けだもの〟がどれだけあくどいかは、彼らとの競争を実際に経験しなくてはわからない。あなたの意見は的確だ。ウォルマートは生活と生計をめちゃくちゃにし、近所づきあいや地域社会全体を破壊している。

ウォルマートはアマゾンを非難しているが、まったく同じことを彼ら自身がどれだけ汚い手を使ってやっているかについて、ローリーは電話で話してくれた。

ローリーは、最も陰険な手段で従業員を奪われたのだ。ウォルマートの各売場の主任たちが、日曜遅くのような暇な時間に、彼の店にやって来る。彼の店の売場主任が勤務についていないことが多い時間帯だ。従業員の話では、ウォルマートに来て「アソシエイツ」になったら時給が一ドル増えるし、いろいろいいことがあると言われたそうだ。

ローリーは、ベントンヴィルのやつらとの闘いのなかで、一歩踏み込んだことを実行した。本書の第一版を何十冊と注文し、ビンセンズ市議会の議員、有力な友人、そしてもちろん自分の店のおもだった従業員に配ったのだ。

汚いディスカウント業者との闘いがどうなっているか知りたければ、ローリーに連絡してみるとよい（連絡先を掲載するのは本人の意向だ）。

Rollie Helmling, Harold's SUPER markets, 1400 Washington Ave., Vincennes, Indiana 47591
Tel. 812 - 882 - 0191

ご相談をお待ちしております

あのベントンヴィル人たちの「地球乗っ取り計画」には、さらに別の支部があり、その大きく開かれた窓口を見ると、まったくもって呆然としてしまう。www.wal-martrealty.com にアクセスすると、次のような文章が示されている。

私たちは小売店として知られています。が、不動産会社でもあるのです。私たちの店舗は、それまで入っている建物では手狭になることがあります。そうなったとき私たちは、ほかのお客様とウォルマートと、周囲の地域社会のためになる利用方法を探すのです。

ウォルマート不動産は、他社にはできない完璧な不動産サービスを提供することができます。全米に既存の建物を所有しているだけでなく、その場所の人口統計の情報をご提供できますし、タイミングを逃すことなくご契約いただけます。用地の選定と獲得に関するアドバイスを差し上げられるだけでなく、起工から開店までのプロジェクトを運営できる、建築家、エンジニア、テナント管理者もそろっております。弊社の建物は非常に用途が広く、あらゆるビジネスニーズに転用することが可能です。さらにその用地には、最適の場所に駐車スペースもたっぷりとれます。

全米中のスーパーセンター、サムズ・クラブ、ウォルマート・ストアの近くに、一等地や広大な土地をご用意しております。

「建物」のページにアクセスすると、一度は使われなくなったサムズ・クラブの、改築前と後の写真に目を引かれる。そこは新たに……何とメルセデスベンツの販売店に生まれ変わっているのだ。でもそれは、あなたの故郷の町から行方不明になっていたものではないだろうか？

読者からの電話

「醜いトルネード」

ウィスコンシン州ビロカのブライアン・ウィッカートから、一九九九年七月二七日に電話があった。ウォルマートは、人口およそ四〇〇〇のこの町にスーパーセンターを作ろうとしているようだという。比較的小さなウォルマート・ストアができても生き残ったわずかな個人商店を、完璧に破滅させかねない動きだった。

スーパーセンターには広大な食料品売場があり、それに加えてあらゆる商品を大量に在庫すれば、地域で断トツの大規模店になって、ビロカから半径三〇キロないし五〇キロ以内にある数多くの個人商店を一掃するだろう。

ブライアンは、もう少し想像を膨らませてこう言った。

◉地元のウォルマート――どこの町のウォルマートでもいい――のそばを通るたびに思い浮かべるのは、不気味な竜巻《トルネード》が吹き荒れて、その地域のあらゆる町とあらゆるお札を巻き上げていく場面です。お札はまっすぐベントンヴィルに持っていかれて、二度と戻ってきません。絶対に戻ってこないんです。

「町の東側、西側、四方八方」

どんな町や都市をねらうにしろ、ウォルマートは信じられないほど徹底的に、小売の現場を支配しようとする。

一九九八年に本書の第一版が出て間もなく、オクラホマ州ノーマンから電話がかかってきた。オクラホマシティのすぐそばにある人口六万ほどの小都市だ。電話の主は、ウォルマートはすでにいい商売をしているのに、もっと手を広げたがっていると言った。

「どんなふうに?」と私は訊ねた。

「さらにスーパーストアを二店、作ろうとしているんです。それぞれ一万八〇〇〇平方メートルもある店ですよ。一軒は町の西側、もう一軒は町の東側です」

その人の説明によると、ノーマンの実業家たちは抗議し、市当局はバリケードを築いたが、ウォルマートはその挑戦を受けて立った。西側に計画中の店舗の裏に街路を建設する費用を払い、自分たちで信号も設置すると言ったのだ。

ノーマンの市議会は、降参したに違いない。なぜなら、この悪い知らせを書くにあたって、一九九九年五月、ウォルマートは町の東側に二万一〇〇〇平方メートルのスーパーセンターを開店し、その一二月には西側のスーパーセンターも開業したことがわかっているからだ。つまり、哀れなノーマン市には、およそ三万七〇〇〇平方メートルの新しいウォルマートが生まれたわけだ。

ウォルマートは一平方メートル当たりの売上を年間三八五〇ドルと見積もっている。ということは、合計およそ一億五〇〇〇万ドルの商売を、ノーマン市のほかの商店は失ったことになる。そして税金を払っていた個人商店が、少なくとも一〇〇軒はつぶれている。

ノーマンにあった、古い小さなウォルマートはどうなったのだろうか？　もちろん閉店した。ウォルマートのオンライン不動産屋 www.wal-martrealty.com には、ノーマンに五つの売地が出ている。各物件ともおよそ四〇〇〇平方メートルで、四件は住所が同じになっている。

ただの偶然ではないはずだ。

第2章

ウォルマートが絶対確実に町に押し入る手口（と、こっそり入る3つの手口）

創業者サム・ウォルトンは事業の基本方針として、「ウォルマートが歓迎されない町には出店しない」と宣言していた。サムと彼の会社による世界支配計画が始まったばかりのころは、その基本方針どおりにやるのも、おそらく今よりたやすかっただろう。そのころ、町は自分たちが何を誘致しているのかわかっていなかったし、ウォルマートが売っている品物はとても魅力的に思えた。

だが一九九〇年代までに、状況は大きく変わった。全米に反ウォルマートの民間団体が数多く生まれた。その大半は、ウォルマートが出店を計画した小さな町の市民活動家グループだ。意見をインターネットで表明する団体もあり（第7章「サイバースペースで闘え」を参照）、その多くが全国的なメディアで大きく取り上げられている。ついにウォルマートが地域社会におよぼす影響が明らかになり、「ウォルマートはいらない！」と宣言する町が増えつつある。

しかし、ウォルマートがねらった町に進出するのを手伝う仕事をしたニューヨークの開発業者《デベロッパー》、ジョン・ニグロは、「〔ウォルマートは〕自分たちの欲しいものがわかっている」と言う。ウォルマートがあなたの町に進出したいと考え、店の建設用地にねらいを定めているのなら、たとえひどい反発にあっても、ウォルマートはやって来る――たとえ町がウォルマートはいらないと考え、そう断言しても。

押し入る手口その1　一に用途地域《ゾーニング》、二に用途地域、三にも用途地域

「一に立地、二に立地、三にも立地」。不動産の魅力について言い古されているこの格言を言い換えると、ウォルマートが町に入るのに必要な条件は三つだけ。「一に用途地域《ゾーニング》、二に用途地域、そして三にも用途地域」だ。

どこに進出するにしても、ウォルマートの基本計画には「箱」がある。例の四角くて見苦しい巨大なプレハブの建物の周りに、見渡す限り続くアスファルトの駐車場。画一的な建物と用地計画も、ウォルマートの驚異的な成功の鍵を握っている。ワンパターンで、どこも同じ。まるで大量生産だ。

ウォルマートは、どこかの町に進出したいと考えたら、採算の合う特定の土地に目をつける。未開発で商業地域の外にあり、駐車場がたっぷり取れて、高速道路などの幹線道路からアクセ

スしやすい場所だ。

ウォルマートにとって理想的な区画が見つかることも多いが、彼らが望むように大規模小売店舗用の用途地域に区分されているとは限らない。そこでウォルマートは、事業許可を申請する前に、あるいはそれと同時に、用途地域を変更させなくてはならない。これはそれほど大変なことではない場合が多い。ウォルマートとその開発業者は、その道のプロなのだ。市議会や計画委員会に対し、ウォルマートは考えられる限り最高の新市民になるだろうし、その土地はウォルマートの新しい拠点になるべき土地なのだ、ということを示す書類を用意する（そういう企画書には、あるウォルマート批判家が「ウォルの数学」と名づけたものが散りばめられていることが多い。つまり、「彼らは足し算しか知らない」のだ。雇用が増大する、地域社会への貢献が増す、地元での買い物が増える、地元のニーズにプラスである――すべてが戯言《ざれごと》だ）。

もちろん、自分たちの町にウォルマートはいらないと思うなら、この段階で止めるのがいちばんよい。

（ペンシルヴェニア州の）ランカスター郡計画委員会は、小さな町が「防ウォルマート」のために取るべきいくつかのステップを、簡潔にまとめている（まとめてくださった方々に感謝。表現は硬いが、とても役に立つ）。

◉都市拡張の境界を決める。換言すると、町の中で都市としての開発が行なえる地域を限定し、その境界線を明確にする。

◉地域の総合計画を見直す。町の総合計画とは、町が適切な形で発展するための目標と方針を定めた文書である。それを見れば町の現状とあるべき姿が分かり、町の将来について身勝手な考えを持っている部外者の開発業者と闘うにあたって、強力な武器となりえる記録文書である。

◉町の用途地域区分条例を見直す。町の用途地域区分条例は、総合計画と合致していなくてはならない。

◉土地分譲および土地開発の規制を見直す。これらの規制は、計画中の開発の本質と影響について、開発業者が説明しなくてはならないことを具体的に指定するものである。どんな開発計画についても、開発業者自身から町に明確なイメージが示されるような、詳細で徹底した規制であることを確認する。

ウォルマートにとって、これまでのやり方ですんなり町に入ることは、以前ほどたやすくはなくなっている。この巨大小売業者がほかの町にどんな破壊をもたらしたかがわかっている多くの市民たちにとって、「ウォルマートが来るぞ」という言葉は警戒信号のようなものだ。自分たちの町で、そんなことが起きてほしくない。

ウォルマートは、この新たな守備陣を出し抜くために、何らかの方法を考え出さなくてはならない。彼らがあっさり、「ああそう、いいよ。おたくがいらないと言うのなら、ほかに行くから」などと言うわけがない。

ウォルマートが町に忍び込むために使う、三つの見え透いた手口を特定した。すべて最悪に卑劣な手口だ。

スリー・ストライク

うれしいことに、ブルームバーグ・ニュースの報告によると、ヴァーモント州最高裁判所は、ヴァーモント州セントアルバンズに出店しようというウォルマートの三度目の試みを打ち砕いたという。裁判所は「競合店に害を与えそうな店舗について、受け入れが適当かどうかを州が検討するのは当然のことである」と言っている。

裁判所はさらに一歩踏み込んで、「委員会が（ウォルマートが仕掛けるような）競争を、一つの事業が住民の健康・安全・福祉に与える影響の一部とみなすことは、州法で認められている。競合する小売店が廃業すれば、地方自治体は公益サービスを提供するための税金を集められなくなるだろう」と裁定している。

これを読んで私は、望まれていない町には店を出さない、というウォルマート創立者サム・ウォルトンの誓約を思い出し、皮肉な（じつに皮肉な）笑いを誘われた。考えてもみてほしい。ウォルマートは三度までも拒否されたのに、まだセントアルバンズに押し入ろうとしているのだ！

こっそり入る手口その1　既存の用途地域区分《ゾーニング》を操作する

ウォルマートはヴァージニア州で、一度に一つでなく二つの市条例をくぐり抜ける、非常に巧妙な方法を考え出すことに成功した。こういうことだ。ワレントンの町には、四六〇〇平方メートルを超える小売店舗を建築するには、特別な許可を必要とするという条例があった。ウォルマートがワレントンに出店しようと考えたとき、計画中の一万一一〇〇平方メートルという巨大店舗を実現するためには、もちろんその許可を申請しなくてはならなかった。当然のことながらその計画に危機感を抱いた町は、ノーと言った。そんな店はこの町には大きすぎる、と。表面上ウォルマートは負けた。頼んだが断られたのだ。

さて、ワレントンの町を取り囲むフォークワイア郡にも同じような条例があり、七〇〇〇平方メートルより大きい小売店舗には許可が必要だと規定されている。

だが、なんと！　ウォルマートは、ワレントンの町と外のフォークワイア郡にまたがる、おあつらえ向きの区画を見つけ、店舗のうち四六〇〇平方メートルまでをワレントン内の土地に、七〇〇〇平方メートルまでをフォークワイア郡の土地に建てることで、合わせて一万一一〇〇平方メートルの店舗なのに、両方の規制をくぐり抜けることができたのだ。地方裁判所は、この土地利用が現行法では許される――少なくとも退けられない――ことを認めた。

ウォルマートが進出を計画した土地の近隣住民一三名が、このやり方を合法だとする裁定を不服として上訴した。そのうちの一人、デボラ・ゴーテンホイスは、ワシントン・ポストのインタビューにこう語った。「こんなことをしたがるなんて卑劣ですよ。ウォルマートは、田舎町によくある、ごくまっとうで家族的な店であるかのように装っています。でもこんなにずるく立ち回るなんて驚きです。残酷な会社のようですね」

もう行くの？　それなら急いだほうがいいのでは？
ある郡でウォルマートは、一万二六〇〇平方メートルのスーパーセンターを建てるために、一七〇人が住んでいるハウストレーラーの駐車場を買収したいと考えた。引っ越してくれた場合の見返りとして、最初に住人に提示されたのは？　なんと大枚二〇〇米ドル。「こんなのフェアじゃない」とは、そこで四年半暮らしていた住人の言。そのとおり、フェアではない。

ノースカロライナ発
T・R・テイラー夫妻は、生涯住める場所として、ダウンタウンから離れたところに家を求めた。そして一九四〇年に、望みどおりの場所を見つけた。林の中の六〇〇〇平方メートルの土地だ。二人は家を建て、林を少し切り開いて庭を造った。そして何十年かが過ぎたあと、二人の夢は粉々に打ち砕かれた。テイラー家の周りにウォルマートが建設され、彼らが六〇年間住んできた土地は、めちゃめちゃにされてしまったのだ。ウォルマートは隣接する土地を買収し、彼らの家の周りにブルドーザーをかけた。テイラー夫妻の地所はスーパーストアに囲まれた、幅九メートル、長さ九〇メートル、高さ六メートルの土手の上に取り残された。侮辱的な買い取りの申し出もあったが、夫妻はその話を蹴った。ウォルマートの開発の影響からテイラー家の家を守るはずの木立さえも実現しなかった。テイラーの息子は、こんな評価を下している。「人間なら、ほかの人間にこんなことをしませんよ」

こっそり入る手口その2

隠れみのを使う

これはいやらしいほど効果的なテクニックだ。私が知る限り、これはウォルマート好みの手口だ。よく読んでほしい。

コロラド州エヴァーグリーンの事情通の市民は、ウォルマートが自分たちの町に出店できる場所を探しているのではないかと疑いを持った。彼らはウォルマートの本社に何度か電話をかけて、エヴァーグリーンでどんな開発を計画しているのか訊ねた。だがそのたびに、同じ答えが返ってきた。「うちはエヴァーグリーンの土地など探していませんよ」

一方、デンヴァーの不動産開発会社が郡の用途地域区分課に現われ、二つの区画の用途地域区分の変更を求めた。その会社はその区画を所有しているわけではないが、用途地域を変更させてからその土地を手に入れ、あとでウォルマートに売るか貸すかしたいと考えている。そうやってウォルマートが入ってくる道が開かれるのだ。ウォルマートを締め出しておきたいと思っている地元の住民たちは、その闘いにおける最も強力な武器の一つになるはずの、厳しい用途地域規制を失った。

同じようなことが最近、カリフォルニア州アロヨ・グランデでも起こった。ウォルマートは質問されるたびに、アロヨ・グランデに進出する計画はないと答えていた。一方で、ある開発業者が、名前を伏せたある店のために必要な用途地域区分の変更を推し進めていた。町の当局者には、「クライアントはウォルマートではない」と、ずっと言い続けていた。だが一人の住民が、何カ月も前にウォルマートとその業者がサインした売買・賃貸契約のコピーを提示したため、その開発業者の計画は失敗に終わった。

さらに、ニューヨーク州イサカの市議会は、ウォルマートが市境のぎりぎり内側に出店するのを阻止するため、外部の弁護士に三六〇〇ドルを支出することを満場一致で可決した、という話も聞いている。ウォルマートの仕事を請け負っているサウスカロライナの開発業者が、「ある不特定の店舗」を建設するために、市から条件付きで用途地域の変更を認められた。だがその店がウォルマートだということを知って、市は変更を取り消した。現在彼らは、ウォルマートを町から締め出すために闘っている。

ウォルマートをやっつけたいと思っている人たちは、これを警告と考えてほしい。一つの区画をウォルマート対応にするような用途地域の変更の申請には注意すること。その申請を提出したのがだれであっても、本当は後ろにだれがいるか、わかったものではない。

「もうウォルマートは歓迎されない」

不動産のデベロッパーは、「売地、四〇万平方メートル」という看板を出す。しかしウォルマートがまたも平穏な町に押し入って混乱を招けば、そこが四〇万平方メートルの地獄と化す。

フォートワース北部には、「かつてウォルマートは喜んで迎え入れられたものだが、もうそんなことはない」と言う人がごまんといて、少なくとも六つの住民自治会が主張している。ウォルマートは巨大なスーパーセンターを、戸建が並ぶ住宅地のど真ん中に建設しようとしていた。道路をはさんで高校の向かい側、近くにほかに五つの学校があり、二本の二車線道路が交わるところだ。

二〇〇〇年三月に地元のテレビ局がインタビューしたところ、住民のコメントは驚きから怒りまでさまざまだった。

「ここに家を建てたとき、こんなことになるとは夢にも思いませんでした」と言ったのは、新婚の奥さん。「これで交通量が増えたら、このあたりは一〇〇倍も危険になりますよね」とは一人の母親のコメント。

別の母親は、「私たちの生活は、確実に悪いほうに変わるでしょう」と言った。

名の知れた実業家は、その用地に計画されているウォルマートのスーパーマーケットは、「まったく場違いに大きすぎる」と話している。

企業ぐるみの人種差別？

一年ほど前、反ウォルマート派の同志の一人が、店舗の所在地図を持ってきて、少数民族《マイノリティ》が多い地域ではウォルマートを見かけたことがない、と指摘した。そして今、彼の意見を裏付けるような話が、セントルイスから伝えられてきた。「ある黒人実業家とマイノリティ人権擁護団体が、ウォルマートを連邦裁判所に訴えたと発表した。この全米一の小売業者は、店舗の配置で差別しているとして告発したのだ。彼らは、ウォルマートが小売の特定警戒地区を指定していて、黒人が多い地域では店をたたんだり、新規開店を差し控えたりしている、と主張している」

あなたの家にいちばん近いウォルマート周辺地区の、人種の内訳を調べてみよう。びっくりするかもしれない。

サム父ちゃんの「創設」が、建国の父に不敬をはたらく

ウォルマートは、良識のルールを少しでも念頭に置いているのだろうか？　ジョージ・ワシントンが桜の木を斧で切ったと伝えられる由緒あるフェリー・ファームに、スーパーセンターを建設する計画をウォルマートが発表したとき、住民グループはこの小売業界の巨人に対し、建設は別の場所にして、この土地は歴史保存のために寄付してほしいと嘆願した。ウォルマートの総務担当副社長ジェイ・アレンは言った。「それはひどく単純な考えです。私たちは計画を推進していきます」

お客様、駐車場の美化にご協力ください

一九九七年九月のウォールストリート・ジャーナルの特集記事より。「テキサス州アーヴィングのウォルマートでは、入り口に、ショッピングカートはお客様が駐車場から店内に運んでください、と書かれた看板が立てられた。手間がかかる代わりに、買い物客は週に一度、一〇ドルの商品券が当たるくじを引くことができる」。週に一度であって、毎日ではない。一〇ドルの賞金だって！　へぇー！　一〇〇〇億ドル近い資産のある一家が、なんて太っ腹なことだろう！

こっそり入る手口その3　あろうことか、手先を使う

ウォルマートがこの手を使ったと聞いたのは一度だけだが、その理由はわかる。歴史も権力もある大規模で国際的な複合小売企業なら、きっと二度とこんなことを経験したくないだろう。まったく恥ずかしい話だ。

マサチューセッツ州グリーンフィールドで、ウォルマートは、町にウォルマートを一歩も入れたくないと考えている一般市民グループと対決していた。絶望的としか言えないような状況にあったウォルマートは、「経済成長を求める市民の会」という名の偽の市民グループを作り

上げ、新聞にウォルマート支持の広告を出し始めた。反ウォルマート派の人たちが、この新しい市民団体のメンバーがだれなのかを調べようと電話をかけたところ、応答がなかった。もう少し突っ込んで調べると、その「市民」とは、①ウォルマートの顧問弁護士、②その秘書、③その秘書のボーイフレンド、だということが明らかになった。

なるほど、あまりにもあっさり暴露されたので、結局ウォルマートはこの種の策略を断念したのかもしれない。お気の毒さま！

第3章 ウォルマートのとんでもなく欲深な2つの手口

この章ではまず、かつてウォルマートの店長だったジョー（仮名）へのインタビューからの抜粋を紹介したい。彼はあの〝けだもの〟の内部に一五年いたのだ。ジョーが語らずにはいられない話のなかには、ウォルマートのとんでもなく欲深な二大手口を証明するものがたくさんある。

ビル・クィン（以下ビル）　ジョー、奥さんの話では、あなたが店長だったとき、勤務時間があまりに長くて、ほとんど子供たちと会うことができなかったそうですね？

ジョー　長時間労働でしたね。週に七〇時間を下回ることはまれで、たいてい八〇時間以上でした。休日もほとんどなくて、三年間、休暇がなかったこともあります。妻は文字どおり、一人で子育てをしました。

ビル　時間給で働く人たちは、勤務時間を最低限に抑えられると聞いていますが？

ジョー　彼らがどんな待遇を受けているか、あなたには信じられないと思いますよ。店長が従業員の勤務時間を週に二八時間以内に抑えようとするので、従業員は手当をもらえないんです。

店長は、店が暇な日はいつも、従業員を四時間勤務させたあとは、何時でもかまわないから家に帰らせるよう指示されています。常勤とされている売場主任でさえ帰宅させられることもありますし、勤務時間が、権利として認められている八時間より少ないことも多いんです。

ビル　以前より、少しはましになっているのですか？

ジョー　いいえ、むしろ悪くなっていると聞いています。今の店長は、正社員が一人辞めたら、その代わりとしてパートを二人雇うように言われています。

ビル　個人的な質問なので答えたくないかもしれませんが、店長としての給料はどれくらいだったのですか？

ジョー　額を聞いたら笑うでしょうね。でも、辞めたとき、私の給料は年に一万五〇〇〇ドルでした。年間のボーナスとして一万五〇〇〇ドル受け取ることができました。生活するにはボーナスが必要でしたね。いちばん多いときで三万五〇〇〇ドルの年収がありました。私は店長としてはいい方だと思われていましたよ。定期的に昇格して、任される店もいい店になっていきましたから。

ビル　転勤にともなう引っ越しの費用は会社が負担してくれましたか？

ジョー　いいえ。実際のところ、店の人たちに勤務時間外に荷造りを手伝いに来てもらうよう頼む〝制度〟でした。次の勤務地までは、必ずウォルマートのトラックで移動することになっていましたね。新しい土地に着いたら、荷ほどきを手伝いに来てくれるボランティアを募集しましたよ。絶対に仕事とは認められません。つねに勤務時間外なんです。

ビル　あとに残す不動産の処分についてはどうしていました？

ジョー　本社からはいつも、ウォルマートは不動産事業はやっていないと冷たく言われていました。これまでもやってこなかったし、これからもやらない、ってね。前々回の引越しでは、家でかなり損をしました。

ビル　現状に満足しているから動きたくないと、地域のマネージャーに申し出てみては？

ジョー　そんなことを言ってもだめですよ。い

つだって、ほんのちょっとですが給料が上がるし、異動先はそれまでより大きい店なんです。それでも一度、今の店にいたいと上司に言ったことがあります。そうしたら、その地域の店を担当する副社長から電話がかかってきて、荷造りを始めるように、ものすごく強い語調で言われました。簡単な話です。もし断れば、締め出されてクビですよ。ウォルマートでの将来はおしまい。

どうして辞めなかったか？　それは私も何度も自問しました。でも、何かをやるようになって、自分にはうまくできるとわかったら、結局、状況がもっとずっとよくなるだろうと思うものです。どうしてもっと早く辞めなかったのか、自分でもよくわからないけれど、家族がいて、何年もの歳月をその会社につぎ込んできたら、どうしたってとどまりますよ。

ビル　あちこち出張するとき、会社は車代を払ってくれたんでしょう？

ジョー　そこもウォルマートがケチなところなんです。信じられないほどケチですよ。私の記憶では、ある年の走行距離あたりの旅費は、〔一マイルにつき〕一一セントでした。その当時妻も働いていたんですが、彼女の会社の旅費は一マイル二二セントだったんです。私の倍ですよ！

ビル　奥さんも招待される毎年恒例の集会に行くのに、自分の車を使ってはいけなかったそうですね？

ジョー　これもまた、おもしろくもないジョークみたいな話ですよ。会社が「ウォルマート・バリフー」と呼んで大げさに宣伝する「家族」行事が、二つほどありましたね。いつもバスで行くんです。
四、五人の店長が、便利な場所にあるウォルマートの店まで自分の車で行って、そこでバスに乗る。バスは次のピックアップ地点まで行って、別のグループを乗せる。それをバスが満員になるまで続けるんです。ある会議のときは、ミズーリまで一四時間もバスに揺られて行きました。バスに遅れないように朝五時起きでしたよ。昼食の休憩もなし。みんな自分でおやつを持ってくるように言われました。目的地に着いたときには、すっかりくたびれ果てていましたが、軽食の用意もありませんでした。
それから二日間、緊張した会議が朝の七時から真夜中近くまで続いて、そして四日目には、例のバスで家に帰るんです。五日目には仕事に戻るのが身のため。遅刻せずにね。

別の出張では、かなり高級なマジェスティック温泉ホテルでやると言われたんですが、私たちが泊まる場所ではありませんでした。泊まったのはモーテルみたいなところで、そこから会議が行なわれたマジェスティックまで、延々と歩きましたよ。

ビル　新しい店がオープンするときは、どんなことがありました?

ジョー　私たちは、支配するために町に乗り込むのだと教えられていました。支配せよ! 優位に立て! 最初の仕事は、競合店で買い物をすることでした。私の下には、そういう「汚い」仕事をするフルタイムの従業員がいました。とくに×××〔町の名前削除〕のことはよく覚えています。

私の部下の買い物担当が、競合店の価格を、隠しマイクで録音して戻ってきます。うちの店では、それより一セントか二セント安い値段で売るんです。Kマートやターゲットと本当に争うことになったら、敵の店に人を送り込んで、特売品をできるだけたくさん買います。そして店に持ち帰り、ちょっと安い値段で売りました。個人商店《パパママストア》の金物店や薬屋でも買い物をしましたよ。私たちの仕事は、規模の大小を問わず、どんな手を使ってでも、競合店をつぶすことでした。個人商店がやっていけなくなったとしても、それは彼らの問題なんです。ウォルマートほどの人でなしは、絶対ほかにはいませんよ。

ビル　地元の市民組織に入るよう言われましたか？

ジョー　はい。参加して、できるだけ重要な地位に就くように言われました。でも、いつも費用は自前でした。そういうことのために使ったお金は、一度も清算してもらえませんでしたね。でも、ウォルマートはいつだって、自分たちのおもだった従業員は、それぞれの地域社会で重要な役割を担っていることを強調するんです。

ビル　町への慈善寄付についてはどうでしたか？

ジョー　その点に関するウォルマートの戦略は単純でした。だれかが寄付を求めてやって来たら、大いに歓迎して、店の方針は簡単なのだと話します。今すぐあなたがたの団体の便箋で手紙を書いて、本社に送っていただけますか、と言うんです。一週間か二週間が過ぎ、もしその請願者に聞かれたら、「ウォルマートのような大企業ですと、要望が伝わるのに時間がかかるんですよね」と答えます。そして二カ月後にはすべてが忘れ去られるんです。店長の仕事は、自分たちの運動のために寄付を募りに来る人たちには、できる限り優しく、親切に、感じよく接することでした。

ビル ウォルマートが納入業者《ベンダー》に対していかに卑劣か、恐ろしい話をいくつか聞いたことがあります。

ジョー それも私がウォルマートを辞めた理由の一つです。私の部下には、商品の傷についてクレームをつけたり、注文した商品が全部届いていないとか、運送中に傷んだとか、とにかく苦情を言ったり、そんなことをおもな仕事にしている女性がいました。会社の方針として、注文品はすべて完璧に届けることを業者に強制するんです。傷については、向こうは私たちのクレームを信じるしかありませんでした。そうしないとウォルマートという顧客を失うわけですから。平均的なウォルマートの店が一年につけるクレームの数といったら途方もない数ですよ。それも一店だけじゃありません。全店がやるんです。

ビル 地元の業者はどうですか？

ジョー 電気やガスは別にして、地元の業者から何かを買うときはもちろん、一割を値引きさせるように指示されていました。どうしてかなんて聞かないでくださいよ。だれかに何かのサービスを求めるときも同じです。少しでも問題があるときは、注文を保留することもしょっちゅうでした。ふつう、地元の業者は一割値引しましたね。私はそういうことには反対でした、絶対に。でもそれが命令だったんです。

ここで付け加えておきますが、ほぼすべての納入業者に対してケチなクレームをつけろという指示は、すべてが書面でなく、いつも口頭でした。私が覚えている限り、ウォルマートの用紙に書かれたものは見たことがありません。それをネタに訴えられますからね。

ビル 自分の仕事で何がいちばん嫌でしたか？

ジョー 自分で従業員を採用することでしたね。そしてその人たちを、できるだけ安い給料で働かせること。最近のウォルマートの従業員は、私が働きはじめた一五年ほど前よりも、さらに条件が悪いのではないでしょうか。

ウォルマートで働いている人の八割が、最低の賃金しかもらっていないと思います。食料割引券などの公的な生活扶助を受けている人がどれほどいるか聞いたら、びっくりしますよ。

ビル 新聞社の友人によると、新しい店が開店するときは気前よく広告を出すのに、いったん売上が安定すると、広告の回数が少なくなるそうですね。

ジョー それは事実です。競合店をやっつけるために全力を挙げますから、地元の新聞にも指定の面を要求して、ほかに広告のないページに小さな広告を出します。ウォルマートは取引のコツをすべて心得ていますよ。とにかく要求する、だれに対しても要求するんです。

けれどもいったん競争相手を負かしたら、たいてい月に一回のチラシか折り込み広告になります。町じゅうの店がすべてウォルマートのようだったら、どんな新聞も生き残れません。

〔傍点筆者〕

ビル ウォルマートでの最悪の経験は？

ジョー 能力のある社員を解雇しろという命令を受けて、店に送り込まれたことです。たいていの人は、会社の方針にちょっとばかり背いただけなんですよ。そういうことって、気が重いですよ。

ビル　最終的にウォルマートを辞めたとき、もらうべき退職金はちゃんともらえましたか？

ジョー　もらえると思っていました。規定集による計算では三万ドルもらえるはずでした。でも、会社が控除した名目ときたら、信じられませんよ。管理費だなんて、夢にも思わなかった控除です。結局たった五〇〇〇ドルしかもらえませんでした。訴えるべきだったのでしょうが、弁護士費用がかかるし、ウォルマートに対する賠償請求はすべてそうですが、裁判は永遠に終わらなかったでしょうね。

ビル　会社を辞めた実際の理由は何だったのですか？

ジョー　良心の痛みでぼろぼろになってしまったんです。私の体重はかつては九〇キロくらいだったのですが、六六キロまで落ちました。いちばん悩んだのは、自分が信じてきた道徳をすべて売り渡していることでした。

ビル　ウォルマートは不正をしていると言うのですか？

ジョー　その質問にはどう答えたらいいのかわかりません。彼らが従業員ほぼ全員を利用しているのは確かです。納入業者を徹底的に利用しているのも確かです。店に立ち寄る客全員を利用しているのも確かです。

人生でいちばん後悔しているのは、そもそもウォルマートとかかわったことです。そしてもし元ウォルマートの店長だった人みんなにインタビューしたら、ほとんどの人が、今日私が話したのとほぼ同じ話をするに違いないと思います。

さて、前置きはこれくらいにして、ウォルマートのとんでもなく欲深な二大手口を紹介しよう。

欲深な手口その1　従業員から搾り取る

ジョーという一人の元ウォルマート店長の苦労話を紹介した。彼は自分が人生の幾歳月をささげた会社のことを、今では聞きたくもないと思っている。悲しいことに、ジョーの体験談は特別ではない。大勢のウォルマートの従業員（彼らの呼び方では「アソシエイツ」）は、まじめで有能で勤勉な人たちだ。だが気の毒なことに、彼らの大ボスは従業員を帳簿上の必要悪だと思っている。

ウォルマートの恐るべき成功の重要な秘訣の一つが、きわめて低い事業コストだということは広く知られている。とくに賃金はできる限り低く抑えられている。巨大な機構全体のあらゆる歯車が、コストを抑え、利益を増やし、急成長を成し遂げるよう、精一杯働いている。コスト節減が可能な（そして現に節減している！）何百という項目のなかでも、従業員の待遇はウォルマートの十八番だ。

最低限の賃金と最低限の手当――これがウォルマートの極端に強い競争力の源なのだ。世界最大の小売店での仕事の〝特徴〟を、もう少し挙げてみよう。

低賃金、わずかな勤務時間

アメリカ国勢調査局の調査対象となっているすべての職業分野のなかで、小売業は最も賃金が低い。サービス業より、鉱業より、もちろん製造業より低い。小売業の賃金は平均よりおよそ三九％低く、正社員でも、国が定める最低生活ラインを下回るのがふつうだ。だからウォルマートで働く人々は、そもそもバラ色の生活を夢見るわけにはいかない。

だが現状はもっとひどい。食品商業労働組合によると、ウォルマートの従業員の時給は、組合のあるスーパーマーケットの平均より三ドル低く、ほかのスーパーマーケットより二ドル、そして小売業全体の平均より一ドル低い。

さらに、ウォルマートにはパートの従業員が多いということを思い出してほしい（会社は雇用に関する正確な情報を公開していないので、どれくらい多いかはわからない）。ウォルマートが「フルタイム」を週二八時間以上と定義していることを考えれば、従業員の大半は、きまって週四〇時間働いているわけではないことがわかるだろう。多くの――あまりに多くの――ウォルマートの店員が、食料割引券など政府からの生活扶助を受けなくてはならない状態にある。

この現実は、就職口が増えるということでウォルマートを歓迎した町の人たちにとって、苦い薬になるかもしれない。ウォルマートに就職しても、その店でしょっちゅう買い物ができる余裕は生まれないかもしれないのだ。

現場を押さえられた!

ウォルマートは従業員に対してあまりにも意地悪だ。ウォルマートの重役たちは、いわゆる「アソシエイツ」がどんな待遇を受けているのか知っていながら、どうして夜眠れるのだろう。どう考えても理解できなくて頭を抱えてしまう。この話は、ケンタッキー州モンティセロのウォルマートで、実際に起きたことだ。

一九九九年一月、ウォールストリート・ジャーナルに、四人の女性従業員——全員もうすぐ勤続七年を迎えようとしていた——が店のビデオカメラに「現場を押さえられた」話が掲載された。四人は全員、即刻解雇されたという。何の罪で? 売場での仕事中、仕入れのときに包装が破れてしまったナッツとミントを食べていた罪だ。

女性たちは裁判所に訴えた。「ビデオには確かに、四人がナッツやミントを少しばかり食べている姿が映っている。だが彼女たちは、そういう食べ物は従業員や店長が食べられるように、休憩室に置いておくという不文律にしたがったまでだ、と主張している」

陪審の審議は九〇分もかからず、彼女たち一人当たり五〇万ドル、合計二〇〇万ドルの賠償金が裁定された。ウォルマートいわく、「上訴を検討している」

そんなにすぐ辞めるの？　それは聞き入れられない！

ウォルマートの従業員になったら、生活していけるだけの勤務時間がもらえないか、それとも働きすぎになるまで働かなくてはならないか、どちらかしかないようだ。適度な中間というものがない。その結果、大勢が辞めていく。小売業界全体と比べると、とてつもなく高い離職率だ。ある読者から、こんな切り抜き記事（新聞の名前はわからないが、ウォールストリート・ジャーナルのようだ）が送られてきた。

それが、無給の昼休みにも職場にとどまらざるをえない……ウォルマートの従業員がかかわっている訴訟の結論である。

ウォルマートは……食事休憩のあいだも店を離れることが許されない夜間の倉庫整理係に、賃金を支払うよう求めていた州の強制訴訟を示談にして、九三三名のコネチカット州の従業員に三二万五一九二ドルを賃金として払い戻すことに同意した。

使い捨て従業員、その1

ウォルマートの従業員は、「フルタイム」でも仕事の保証はない。まったくない。一九九四年七月のインク誌の記事にあるように、常勤の従業員でさえ、景気が悪くなったらいつでも、一日に何時間でも勤務時間をカットされる。店長は売上の変化に応じたスタッフの人数を保つように圧力をかけられていて、その人の勤務時間の真っ最中に仕事を中断させることもしばしばだ。これでは、家計の予算計画を立てるのも、ちょっと難しいのではないだろうか。

そしてもし、世の中の景気全体が低迷したら？　ある製造会社《サプライヤー》の営業マンの言葉を借りると、ウォルマートの経営基準は沈むか泳ぐかだという。そして会社は、他人が沈んでも気にしない。ベントンヴィルの本社が、自分の勤める店を完全にたたんでしまうことがないよう、願い続けるしかない。

使い捨て従業員、その2

一九九三年のクリスマス休暇のころ、ニューヨーク州プラッツバーグに新しいウォルマートの店がオープンした。ところが一九九四年の一月末までに、新しい従業員のうち三〇人が解雇された。開店からわずか一カ月後のことだ。その人たちは自分が季節雇用だったことを知らなかった。ウォルマートからのクリスマスプレゼントだったのだ！

ウォルマート、セクハラ訴訟で元従業員に五〇〇万ドルを支払うよう命じられる

うちの地元の新聞が大見出しをつけたこの記事は、紹介するだけの価値がある。ミズーリ州ワルソーで起こったことだ。ウォルマートの店で働き続けているパメ

ラ・キムジーと二人の女性が、上司とほかの男性社員に、つねられたり蹴られたりしたと証言した。もちろんウォルマートは上訴するだろうし、虐待された女性たちは、最終的な示談で「休んだ時間」の賃金より多くもらえたら運がいい。

アマゾン・ドットコムはウォルマートのなめた態度を許さない

すべての始まりは、一九九八年にウォルマートがアマゾンを、「ウォルマートの従業員を不適切なやり方で引き抜き、ウォルマートが所有していた知識を横領した」かどで訴えたことだった。現在はシアトルに本社のあるアマゾン・ドットコムまたはドラッグストア・ドットコムで働いている一五人の元ウォルマート社員の一人であり、アマゾンの広報部長であるリチャード・ダルゼルは、すばやく反撃した。「この二、三年ウォルマートでは、従業員の士気低下や労働問題が起こっており、そういう問題を専門に取り上げるウェブサイトもいくつかある」

そしてアマゾン・ドットコムは、逆にウォルマートを訴えた。「ウォルマートが当初の訴訟を起こしたのは、ほかの従業員が辞めるのを防ぎ、不調に悩むウォルマート自身のオンライン販売を立て直すための時間を稼ぐためだ」というのがいちばんの理由だ。

アマゾンの反訴は、シアトルのアマゾンは、応募してきたウォルマート社員のわずか一割しか採用していない、とも述べている。つまり一五〇人のウォルマート社員がアマゾンで働きたいと申し出たことになる。ウォルマートの広報マンは、この数字に反論しなかった。

約束、約束

約束は破られるためにある。少なくとも、全米雇用機会均等委員会（EEOC）は、ウォルマートについてそう考えているようだ。

EEOCはずっと前に、身体の不自由な求職者を、質問票でふるい落とすことは違法だと裁定した。ウォルマートはその裁定を、こんなせこい方法で出し抜くことができると考えているのだろうか？　新しい応募者に、「求められる仕事をこなすのに、何らかの便宜が必要ですか？」と質問しているのだ。

EEOCのカリフォルニア州サクラメント支部は、これに対してすぐさま訴訟を起こした。ウォルマートは何らかの障害のある人の雇用を避けようとしていると訴えたのだ。EEOCの顧問弁護士デーヴィッド・ケリーズによると、ウォルマートはすぐに、もうその書式は使わない、と委員会に断言したという。

ケリーは、ウォルマートが約束を守るかどうか、徹底的に追及した。その結果は、とんでもない！

「調査の結果、ウォルマートはカリフォルニア州、テキサス州、アリゾナ州などのさまざまな施設で、その書式を使い続けていることがわかりました」

不十分な手当

ウォルマートの採用担当者は、意欲のある従業員を新しく募集するとき、会社の手当を強調する。

どんないい手当なのだろう？　だが私たちの計算では、あまりよくない。

退職金の401Kプランを例にとろう。ウォールストリート・ジャーナルによると、「ウォルマートの店は、没収したお金を、とどまっているプラン加入者に再配分している」。ということは、もともと給料の低い若い従業員を援助する目的の拠出金が、結果的に、勤続年数の長い高給の従業員の利益になっているのだ。

たとえば、ウォルマートでは完全に制度の恩恵を受けられるようになる（つまり会社の拠出金を受け取る権利が与えられる）までに七年かかる（ちなみに、私たちの会社、クィン・パブリケーションズでは、一年で受けられるようになっていた）。

ウォールストリート・ジャーナルによると、「たとえば一九九七年には、四六万四七二五人の制度加入者のうち七万二六八人が、基準の七年に達する前にこのディスカウントストアを辞めている」。七人に一人が、壷にお金を残して去るということだ。

ウォールストリート・ジャーナルの記者が、平均を上回る大量の離職者数についてウォルマートにコメントを求めたところ、そのような数字について話すことはない、とベントンヴィル本社の広報マンに断られた。

医療手当はどうだろうか？　食品商業労働組合（ＵＦＣＷ）のウェブサイト、www.walmartwatch.comには、医療保険でカバーされる範囲という点で、ウォルマートの基準がいかに低いかが示されている。最低中の最低だ。

会社が「個人の選択《パーソナル・チョイス》」と遠まわしな呼び方をしている健康保険制度は、保険料がやたらと高くて、しかも控除免責金額が大きいので、加入できる従業員は三八％しかいない。さらに保険適用を受ける資格があるのは、週に二八時間以上働いていて（そういえば、ウォルマートの「フルタイム」の定義が週に二八時間だ）、勤続二年以上の人だけだ。したがって、ウォルマートの従業員の三割以上を占めるパートタイマーにはまったく資格がない。

さらにウォルマートの従業員は、健康保険制度にかかる費用の、なんと半分近くを負担しているのだ。ＵＦＣＷによると、これは全国平均の二八％よりはるかに多い。

そういうわけだから、ウォルマートの従業員には、別の健康保険を探さなくてはならない人が多いのも不思議ではない。ウォルマートの広報担当も認めているように、「［ウォルマートの従業員のうちウォルマートの健康保険制度に］加入しないことを選択した人たちは通常、配偶者あるいは州や国の医療給付を受けている」

考えてもみてほしい。五〇万人を超える従業員の健康保険の費用を他人に――責任感のある雇用主や納税者に――押しつけることで、ウォルマートは年に一〇億ドルも得をしている、とＵＦＣＷは見ている。

ＵＦＣＷといえば、彼らは本書の第一版が出たときから、ウォルマート戦線における数少ない朗報をもたらしてくれている。大手の食料品店チェーンで働いている人のなかには、ＵＦＣＷの会員証を持っている人が多い。したがってこの組合にしてみれば、ウォルマートのスーパーセンター――食料品店にとって直接の脅威であり、十分な賃金をもらっていない「アソシエイツ」が組合に守られることなくつらい仕事をしている店――の進出は、危険を知らせる赤旗が鼻先で振られているようなものだった。よいニュースをお知らせしよう。

ウォルマートの従業員の勝利

ジャクソンヴィル発――転機か？ 一人でもこれだけできる！

テキサス州ジャクソンヴィル（人口一万二七六五人）にあるウォルマートで精肉の切り分け担当をしている、胸の厚い四五歳のモーリス・ミラーは、長年の経験がありながら、そのつらい仕事に時給一一ドルしかもらっていなかった。そこで彼は、賃上げを求めた。

モーリスは、自分の給料が不当に低いのは確かだとわかっていた。その地域のクローガーの店で精肉の切り分けをしている組合員の時給は一四・六六ドル、見習いの時給でも一三・二九ドルだった。それに彼らは健康保険証をもらっていたし（ウォルマートの従業員は費用の半分を自分で負担している)、歯科保険や健康診断も受けていた。

というわけで、自分の給料が同じレベルの精肉職人よりずっと少ないことを知って、モーリスは時給二ドルの賃上げを求め続けた。彼の上司はとうとう同意した。だが今日から賃金が上がるというその日になると、上司はその要求をにべもなく却下した。

モーリスは怒り狂った。心の底から激怒した。そして、テキサス州グレープヴァインの食品商業労働組合に助けを求めた。

UFCWの支部長ショーン・バークレーは、何ができるか調べるために、精鋭調査員ブラッド・エドワーズを送り込んだ。すばらしい挑戦だ。

ウォルマートに組合を作る? そんなバカな。骨の髄まで組合反対主義で、あらゆる機会に組合をつぶしてきた会社に? アメリカのウォルマートに組合のある店は一軒もない。しかも保守的な東テキサスで? この地域のウォルマートに労働組合を作るなど、人間が自分の翼で月まで飛んで行くようなものだった。

だがモーリスとブラッドは、悲観論者の予測などまったく意に介さなかった。二人は力を合わせて、労働運動の歴史に残るようなことを成し遂げたのだ。

ブラッドは一九九九年の九月、ジャクソンヴィルに組合設立委員会を設けた。上司からは、ゆっくり気楽にやればよいと言われていた。少しずつ進めばよい、と。

モーリスとブラッドは、第一回目の投票は、店で働いている大卒でない職人——つまり精肉職人——だけを対象にしようということで意見が一致した。短くとも五年は大学に行っているはずの薬剤師は、そのあとでよいという考えだった。

二〇〇〇年二月まで話を飛ばそう。とうとう投票が行なわれた。食肉売場のフルタイムの従業員として、投票権があるとされたのはたった一〇人だった。

投票結果は?

組合賛成　七票

組合反対　三票

得票率七〇パーセントの大勝利! 組合賛成派の明らかな勝利だった。

反組合主義の過去にたがわず、ウォルマートは抗議している。だがいったん組合ができたら、ジャクソンヴィルのウォルマートで働くほかの従業員が、精肉売場のそばを通り過ぎるたびにどんな思いをするかは想像に難くない。カウンターの向こうにいる人たちは、時給が自分より四ドルから五ドルも高いとわかっているのだから。これをきっかけに、何か大きな動きが起こるかもしれない。

ブラッドの組合結成に話を戻そう。容易に想像できることだが、最初から最後まで激しい闘いの連続だった。初めウォルマートは、予想どおり、熱烈な愛社精神の持ち主を精肉売場に送り込もうとした。組合は全国労働関係委員会に抗議した。そして勝利を収めたのだ。

ウォルマートは、あらかじめカットされて包装された肉を中央市場から仕入れる、と脅しをかけるという憶測もあった。年間のボーナス(通常四〇〇〇ドルから五〇〇〇ドル)を二、三〇〇〇ドル減らし、精肉売場員の年金制度も廃止する、と脅迫してきたという報告もある。

だが精肉職人たちは賢明にも、その手の脅しを黙殺した。

いまやブラッドのもとには、あらゆる地方のウォルマートから、組合を結成する方法を教えてほしいという電話がかかってくる。

ウォルマート従業員の別のグループにも希望はある。彼らは、あらゆるウォルトンの労働者のうち、最も虐げられているかもしれない、薬剤師たちだ（次項の「ウォルマートの薬剤師たちの勝利」を参照）。

こういう小さな勝利は、何につながるのか。

「どんな場合でも、足がかりや足場がつかめたら、それは意味があることです」。労働法と争議調停の専門家である、ミネソタ州セントポールのハムライン大学法学部のデーヴィッド・A・ラーソン教授は言う。

「足場を作る、あるいは砦を破るようなものです。みんなこの話を聞いて、元気づけられます。それにテキサスのような土地——歴史的に労働者には同情的でない自由労働権の州——で起こったのなら、どんな土地にもかなりのチャンスがあると考えられるでしょう」

ウォルマートの薬剤師たちの勝利

薬剤師——世間で最も尊敬されている職業の一つ——の酷使は、刑罰に値する犯罪とするべきだ。残念ながら、現実はそうではない。そして残念ながら、一九九九年八月にデンヴァーの判事が、ウォルマートは長いあいだ残業手当を支払わないという労働法違反を犯しており、賃金を払わなくてはならない、という判決を下すまで、裁判所はウォルマートを野放しにしていた。

業界の標準はどうなっているのだろうか。ダラス・フォートワースの家族経営の会社がオーナーになっている評判の薬局は、薬剤師に対して、正確に勤務時間に応じた給料を払っている。しかも残業時間は時給が一・五倍になる。私には二〇年来の知り合いの薬剤師が六人いるが、みんな評判のよい会社に勤めており、同じような待遇を受けている。

私たちの知る限り、ウォルマートは、時間給の規則を守らない唯一の大手ディスカウント業者だ。このアーカンソーのディスカウントストアは、自分たちの会社の薬剤師は月給で働く従業員であって、時間給の労働者ではないから、勤務が四〇時間を超えても残業代や報酬を支払う義務はない、と主張している。

デンヴァーの判事は別の考え方をした。略式判決のなかで判事は、店が忙しくないときは家に帰るよう指示し、その分の給料を差し引いているのだから、ウォルマートは薬剤師を時間給労働者として扱っている、と述べている。薬剤師たちは、事務処理や顧客のための保険金請求書の提出など、勤務時間外にも何時間も働いている、とも主張した。あらかじめ決められている週四〇時間ではなく、六〇時間働くことも多い、と。

この訴訟には七〇〇名余りの薬剤師がかかわっており、このグループに参加する期限に間に合わなかった、もう四〇〇名の現または元ウォルマートの薬剤師たちは、別の集団訴訟に加わっている、とグループの弁護士は話している。

薬剤師たちの代理人を務めるもう一つの法律事務所の弁護士、ジェラルド・ベイダーによると、薬剤師それぞれが、五万ドルから七万五〇〇〇ドルを受け取る権利があるという。

さて、ここからがおもしろいところだ。弁護団によると、ウォルマートは利子も含めて一億ドルを追加で払わなくてはならないという。この数字には、ほかの損害賠償は含まれていないし、もしウォルマートが故意に従業員の賃金をごまかしたと裁定されれば、払わなかった賃金をもう一年分支払えという裁判所命令が、ウォルマートに下されることもあり得る。

最後に、こうも考えられる。もしウォルマートが薬剤師――一つ間違えば人の生死にかかわるような職業――に敬意を払わないのなら、ほかの「アソシエイツ」に対しては、ちっとも敬意を払っていない、これっぽっちも払っていないに違いない（客に対する敬意のことなど言うまでもない）。

意地悪

これは、サムと共存できると考えたテキサスの小さな商店の話である。その考えは間違いだった。

スカーレット・ラベレイズという女性がオーナーのホットドッグ販売店、ホット・ディギティー・ドッグは、順調に商売をしていた。一九八七年から一九九一年にかけて、スカーレットはサムズ・ホールセール・クラブと契約して、テキサスに一一軒あるサムの店の外でホットドッグを売っていた。スカーレットは店の前に屋台を出す特権を得る代わり、サムの店に総売上の一割を納めていた。そしてホット・ディギティー・ドッグで使う食材は、サムズ・クラブから仕入れていた。

ラジオのコメンテーター、アレックス・バートンによると、問題が起こったのは、ホット・ディギティー・ドッグがある程度儲かるようになったときのことだ。サムはそれに気づいて、会社ごと買収したいと考えた。スカーレットが断ると、ウォルマートは彼女の店に、自分たちの土地から出て行くよう命じた。

これが人を蹴飛ばす会社のやり方なのだ。スカーレットの下で働く九二名はみな、中高年か障害者で、ホット・ディギティー・ドッグの仕事がなくなったら、十中八九、生活保護を受けることになるだろう。サム・ウォルトンは、スカーレットたちの商売の利益をすべて自分のものにできないからといって、そういう人たちを職場から放り出すのもいとわない。そういうやり方から、彼の地域社会や社会的責任に対

する考えがどこにあるかがわかる。自分の損得からは一歩も出ないのだ。
ウォルトンさん、あなたが言っていた福利厚生費が高すぎるというのは、何だったのでしょう？　福祉について、何か実質的なことをしていただけないだろうか？　していただけないのでしょうね。

もう一、三ドル搾り取るウォルマートのうまいやり方（ビジネス・ウィークより）

仕入先への電話はコレクトコールでかける。
大量の無料サンプルを請求する。
新しい店のオープニングのときは値引きを要求する。
売れているブランド製品の安いまがい物を注文する。
……ほかにもまだまだたくさんある。

説教壇より

サム・ウォルトンとウォルマートは、私にとってつねに下劣な大量販売店なのだが、うちの地元の説教壇でも批判されている。

ここフォートワースの説教師バリー・ベイリー博士は、一万人いるファースト・メソジスト教会会員の牧師を一六年余り務めている。彼は一九九二年、ケーブルテレビでいくつかの州に放送された日曜礼拝で、サム・ウォルトンとその会社の欲深さについて、数分間を割いた。バリーの放送から、重要なポイントをいくつか紹介しよう。


今日のアメリカで競争という名で通っているのは、意地汚い欲望である。

今日のアメリカには、たくさんの大型店舗や販路を持っている、強大な企業が一つある。

世界屈指の金持ちが、この企業のオーナーである。

彼の事業は初めは小さかった。そのことについて書かれている本があり、アメリカでは無一文でも成功できる人がいるという事実に元気づけられる。

私はその会社がずっと前から気に入らなかった。郡の小さな町々が衰弱するのを見てきたことも、その理由の一つである。

人はどこでも好きなところで買い物をしてかまわない。それはそのとおりである。

だが、一つの店がその大きさを武器に成功し、小さな店は成功できないとき、そこには、ただの金儲けだけではない、もっとはるかに重大なことがある。

私はあいにくあまり好きでないこの巨大企業では、保険や入院の費用を会社が払うようになるほど長い期間、従業員を働かせない。

従業員は限られた時間しか働けない。

従業員は、ほとんど（あるいはまったく）手当をもらえない。

より安く売るために、中間業者を排除している。

より安く、は本当にみなさんが望んでいることだろうか？

より安く買うことだけが大事なのだろうか？

それならば、アメリカには一つの大きな店だけが残り、ほかの人はみな失業する。

本当に、それがすべてなのだろうか？

私はサービスがとても大切だと思った。

良識、公正な価格、そして従業員を助けることも、とても大切だと思った。

欲深さ——それは競争とはまったく別物である。

「より安い」だけでは十分ではないのではないだろうか。

ここはアメリカなのだから、みんな自分のことは自分で引き受けなくてはならない。自分の客だった人々を破滅させる者は、自分のことを自分で引き受けることさえしていない。

語られるべき言葉がほかにもある——ただ「それにいくら払ったか」ばかりを言うのではなく。

読者からの手紙

「ウォルマートが信頼できる？ とんでもない！」

神経衰弱になるのが嫌で仕事を辞めた、ウォルマートのコンピュータ技術者が、あまりにも頭にきたからと、びっちり書かれた便箋五枚にもわたる手紙を送ってきた。彼の告発のなかには、ベントンヴィルのウォルトン・エンタープライゼス本社で働いた経験のある人と話をしたことのある人なら、「聞き飽きた」と思うものもあるだろう。だが、反ウォルマートの矛先を研ぎたいのなら、われらが元ウォルマート社員の体験談を読んでほしい。

元ウォルマートの従業員はみんなそうだが、彼も匿名にしてほしいと言っている。「私は本当に彼らに恐怖を感じている。彼らのいやがらせで、人生をめちゃめちゃにされたくない」からだという。彼の手紙をわかりやすく要約すると、彼が仕事を辞めた理由は次のとおりだ。

◉私を採用したウォルマートの人事担当者は、昇進と半年ごとの評価を約束しました。だから私は、前の仕事より給料が低くても就職したのです。だが彼らはその約束を守らなかった。

◉私は、決まった型のコンピュータ技術の仕事をしてもらう、と言われました。だが彼らはその約束を守らなかった。

◉月に一度、第一水曜日には、部門の会議に出る義務があり、そこでは「ウォルマート万歳」を叫ばなくてはならなかった。四〇代や五〇代の大人がそんなことをしている光景は、何ともばかばかしかった。

◉「アソシエイツ」は全員、ＩＤバッジの着用が義務づけられています。同僚のウォルマート従業員に「あなたのことをもっとよく知ってもらう」ために、いつも着けていてほしいのだ、と彼らは言っていました。だが彼らは口に出さないが、どんな場所にもバッジ監視人がいるのです。会社は、従業員がいつ、どのトイレに入っているかさえ知っています。

◉いたるところにカメラが設置されています。天井から突き出ている、あるいは各コーナーについている、あの黒い半球形のドーム。人の体のどんな小さな部分も、カメラの視角に入っているに違いない。会社は警備員にも、つねに従業員を監視させているのです。

◉午前七時半までには出社の報告をしなくてはならないし、午後五時半より前に帰ることはできませんが、五時半以降も働いてよい。だが、とても不可能な締め切りを上司から言い渡され、一〇時半まで職場にいなくてはならないことはしょっちゅうです。半年ごとの評価など、私は一度も受けていません。

◉クリスマスのボーナス？　まったくなし。その代わり、クリスマスシーズンに一回だけ安いランチが出ます。本当に本当の安いランチです。

◉夏の扇風機（しばしば必要）や、冬のヒーター（しょっちゅう必要）などの電気製品の使用は禁止されています。会社は、火災の原因になるからだと言います。だれがだまされるものですか。彼らはたんに、ウォルトン家の電気代を何千ドルか節約しているだけなのです。

◉世間には知らされていないことですが、クリスマス休暇のあいだ、従業員はウォルマートの店で少なくとも八時間から一〇時間、働くことを義務づけられています。それが家から一六〇キロも離れた店であることも多いのです。

◉会社を辞めるとき、「出口」面接を受けなくてはなりませんでした。そして出る前に、ポケットを空にして、書類ケースの中身を見せなくてはならなかったのです。

もう一つの最前線レポート

カリフォルニア州バークレーのキャロライン・グレーブリーは、ウォルマートの従業員としての経験を手紙に赤裸々に綴ってくれた。「墓場」シフト（真夜中から午前八時まで）に勤務しているときの、恐怖の瞬間についても書かれていた。彼女の手紙によると、従業員は店長から、自分の車は駐車場の端に停めて、客用のスペースを空けるよう指示された。それなのに、駐車場の端の照明は、節電のために「通常の晩の買い物時間が終わったら」消されることを知らされた。

だが、ほかの従業員に起こったこととして彼女が書いてきた事実は、もっとたちが悪い。

◉盗みを働いているところを捕まえられた従業員は、みんなへの見せしめに、店内じゅうを引き回されるのです。

◉二人の若い倉庫係が、すでに客に開封されていた袋から、キャンディーを一つ取り出して食べていた現場を見つかって、クビになったのを目撃しました。

◉本当に模範的な従業員が、通路の向こう側で、棚のすごく高いところに商品を並べているときに落っこちてけがをしたのですが、そんなところに上ることは認められていないから、訴えることはできないと言われていました。

考えてもみてほしい。故サム・ウォルトンは、従業員はもっと温かい名称で呼ばれるべきだと言った。そう、それが「アソシエイツ」なのだ。

欲深な手口その2
納入業者《ベンダー》を締め上げる

ウォルマートには絶大な影響力がある。この巨大な小売業者からの大口注文は、多くのメーカーの夢に思えるだろう。だがそれは大間違い！

ウォルマートはあれだけ大きいので、望むものは何でも納入業者《ベンダー》に要求できる（そして現にしている！）。通常より高い値引率から、明らかに不利な積荷保険、そして売れない商品の強制返品にいたるまで、とにかく何でもありだ。メーカーの中には、ウォルマートとの取引は「ノー」と断るようになった会社もある。いくら大口の注文でも、それよりひどい頭痛の種を耐えてまで取る価値はない。

その昔、ウォルトン・エンタープライゼスが、メーカーの代理店の営業マンにどれだけ恥ずべき仕打ちをしたか、私はよく覚えている。そして今、事態はもっと悪くなっているようだ。

その営業マンたちこそ、ウォルマートが地方の小さなチェーンから全米一の小売業者へと成長するのに絶大な役割を果たしたというのに。

一九六〇年代、私たちが全国の屋外用電動器具と自転車の業界向けに専門誌を発行していたころ、営業マンたちはしょっちゅう、ベントンヴィルのウォルマート本社が出すかなり小口の注文を取るために、自宅のあるカンザスシティやダラスやメンフィスや、その他の遠く離れた町からの長い道のりを、車を飛ばしていた（いつも急ぎの注文なのだ）。注文があまりに少なくて、営業マンの手数料が旅費にも足りない場合もあった。

ウォルマートがその営業マンの商品を特別セールの目玉にすることに同意したときは、ベントンヴィルの仕入れ担当が、特典――新規開店の際の商品提供など――や金銭的援助を要求することもしばしばだった。製品発表会で見かける営業マンたちはいつも、ほかのディスカウントストアに、ウォルマートと同じ特別待遇を要求されていた。

営業マンたちは、サム・ウォルトン自身がテープカットに出向く新しい店のオープニングには出席したほうがいいと感じていた。出席しろ、さもなければ――。営業マンは、そういう旅費には自腹を切らなくてはならなかった。それに、新規店のオープンは週末に行なわれることが多かったので、当然自分の家族と過ごしていいはずの日に、出張しなくてはならなかったわけだ。

そして、ドッカーン！　一九八〇年代、ウォルマートはもう営業マンとは取引しないと宣言したのだ。その代わり、納入業者の担当責任者にのみ発注する、ということだった。営業マンたちが、ずっと自分の味方でいてくれるだろうと思っていた「気さくな」会社から、ようやく利益が得られそうだと思い始めた矢先のことだった。

ほかにもウォルマートのような友達がいたら、敵など必要ないだろう。

ウォルマートがベンダーに対して行なっていることを、いくつか紹介しよう。あまりに頻繁なので、こういうことをするのが不文律になっているように思えてくる。

できる限り配送商品の傷にクレームをつける

元ウォルマートの店長で、結局、勤続一五年で辞めたジョーとのインタビューを覚えているだろうか？　商品の傷にクレームをつけたり、商品が届いていないとか、届いたパレットに傷がついていたなどと、納入業者に文句を言ったりするのを、おもな仕事にしている「苦情係」がいるということだった。

事実この方針――注文品はすべて完璧に届けることを業者に強制すること――こそ、彼がついにウォルマートを退社しなくてはならないと感じた原因だったかもしれない。そしてウォルマートが損害のクレームをつけてくれば（しょっちゅうだ）、業者はウォルマートの言葉を信じるしかない。そうしなければ、特上の顧客を失うのだから。

私はかつてまったくの偶然から、損害に関するウォルマートの方針にはちょっと怪しいところがあるかもしれないと匂わせるような会話を、小耳に挟んだことがある。別々の会社の食品仲買人《ブローカー》二人が、この巨大小売店に商品を卸したのだが、二人とも、その商売で実際は損をしていないかどうか計算していたのだ。なぜか？　ウォルマートはよく、配送商品に傷があったと主張して支払金額を差し引くからだ。「傷がないものを全部合わせた数より、傷があったという数のほうが多いんだ」と仲買人の一人は言っていた。

アメリカの労働者は見捨てられる

ウォルマートは、アメリカ製のものを買うことにどれだけ配慮しているのだろうか？　アル・ノーマンの一九九七年七月の『スプロール・バスターズ警報』から抜粋した次の二つの段落に、その答えが如実に表われている。

ニューヨーク州ニューバーグでは、ハドソン・ヴァレー・ツリー社から二九〇人の労働者が解雇されたあと、ウォルマートの店に労働組合員がピケを張った。このアメリカの模造クリスマスツリー・メーカーとの契約を、ウォルマートが破棄したからだ。ハドソン・ヴァレー・ツリー社によると、ウォルマートは「アメリカ製を買おう《バイ・アメリカン》」運動を自慢しているくせに、中国から模造クリスマスツリーを輸入することにして、契約をキャンセルしたのだ。

アメリカ労働総同盟産業別組合会議によると、一九九九年末、ニューヨーク州北部のセント・レジス特別居留地のネイティブアメリカン（インディアン）の会社が、ウォルマートに釣用ルアーの納入を断られて倒産に追い込まれた。モホーク族所有のカネンケハ・ルアー社の役員は、ウォルマート排斥を強く推し進めた。この会社には、往時には八〇人の従業員がいた。

商品が売れないと納入業者にペナルティーを科す

全米アパレル協会は、ウォルマートが売れない商品に特別値引を強制しているというわさを、会員から聞いている。協会の会長は、「あのディスカウント業者に対する苦情は、納入業者からごまんと寄せられています。自分たちが買い付けた商品なのに、売れないからといって、四パーセントから一〇パーセントの〝値下げ手当〟を要求してきて、それに応じなければ取引はおしまいにすると、脅しをかけてくるというのです」と話している。

あなたにも、右のくだりを丸で囲んで送ってあげたいと思う、ウォルマートかサムズ・クラブと取引している同業者がいるのではないだろうか。その人たちがまだ、この卑劣な仕打ちを受けたことがないのなら、おそらくただ運がよいだけなのだ。

景気が悪くなるとすぐに注文をキャンセルする

納入業者の話では、商品の売上が落ちていることがベントンヴィルの本社に報告されると、ウォルマートはすぐさま注文をキャンセルするか、出荷を差し止めることで有名だという。こういうメーカー軽視のやり方のおかげで、製造会社の中でも小さいところや備えのないところは、ウォルマートの気まぐれで深刻なトラブルに——倒産にまでも——追い込まれる。

売買契約に違反する

ウォールストリート・ジャーナルは、一九九〇年代半ば、スポーツシューズ・メーカーのL・A・ギアが、ウォルマートによる売買契約違反のせいで売上に大打撃を受けた、と伝えている。ウォルマートはL・A・ギアから、少なくとも八〇〇〇万ドル相当の商品を仕入れる契約を結んだ。ところが記事によると、ウォルマートは四五〇〇万ドル相当しか仕入れなかったという。L・A・ギアが契約にもとづく商品の値引きを取りやめるのを、ウォルマートは許したはずだと思う人がいるだろうか？　私は全然思わない。

製造会社に値引きを強要する

ご存知のように、出荷後一〇日以内に請求金額を支払う場合、二パーセント割引する製造会社は多い。フォーブス誌によると、ウォルマートは三〇日近く経ってから支払う――それなのに、当然のように二パーセント割引させる。さらにウォルマートは、正価だけでなく、運送費などを含めた送り状の合計金額を、値引きの対象にする。金額が大きいので値引額も大きく、しかもマナーは最悪。力のある企業が、こんなふうに顔を利かせているのだ。

それとなく脅しをかける

知り合いの重役が最近、サムズ・クラブの購買事務所を初めて訪ねた。そこでは、塗装もしていないベニヤ板の壁や折りたたみ式のテーブルと椅子のほか、こんな張り紙が訪問客を迎えていた。「どれだけ安くできますか?」

まあ少なくとも、自分がどういう立場で取り調べ、いや、商談の席につくのかはわかる。

汚い策略ならおまかせ

ウォルマートの無節操で異常な行動に、裁判所は気づき始めたようだ。ウォールストリート・ジャーナルによると、メーカー二社が詐欺の民事裁判で、七一〇万ドルの賠償金を勝ちとった。ウォルマートが「虚偽の前提のもとで、その女性たちに取引記録を渡すように要求し、その記録を、もともと採用を決めていたライバル会社に渡すという詐欺をはたらいた」ことがわかった、とジャーナルは伝えた。

これに注目!

うちの界隈の新聞やテレビで、ウォルマートが中古品を新品として売っていると報じられた。元テキサス州検事副総長のスティーヴ・ガードナーが、集団訴訟と認めるよう裁判所に要求した訴訟は、ウォルマートとトイザラスが「使用済みの、または傷や欠陥がある、あるいは部品がなくなっている、返品された商品を、日常的かつ意図的に販売している」と主張している。

ウォルトン家の価値観

サンフランシスコ・レビューの一九九七年三・四月号の記事だ。小学二年生を教える先生が自分のクラスで、女性は大統領になれると思うかどうかを聞くと、思うと答えた生徒はたった二人だったという。この驚くほど保守的な反応に直面して、その先生は「いつか女性も大統領に」というスローガンの入ったTシャツをデザインした。

どういうわけかこのTシャツがウォルマートの店に並べられたのだが、すぐに売場から撤去された。そのような感傷は、「ウォルトン家の価値観に反する」とクレームがついたからだ。女性を政治の場から締め出しておくことが、あなたの「家の価値観」に入っているだろうか？

読者からの手紙

オクラホマ州ノワタのテレンス・ピーターソンはこう書いている。

「ウォルマートにひどい目に遭わされたのは、あなたの出版社だけではありません。彼らはまず、弱小メーカーから製品をほぼすべて買い取って、数カ月後に送り返してくるのです。でもそのあいだに、その零細企業は製品を増産するために借金をします。そのあと、ウォルマートの客が傷つけた商品が戻ってきて、しかも送り状の金額をすべて払い戻せと要求されるのです。

裁判沙汰がいやなら、ウォルマートに支払うしかありません。……それ以上借金をすることはできず……そして倒産です」

いったいいくつの零細メーカーが、ウォルマートと取引しようとしてこういう憂き目をみたことだろう。

第4章

ウォルマートに用心しなくてはならない6つの理由

私がウォルマートを憎んでいることは、秘密でも何でもない。その気持ちは過去一七年以上も続いており、愛情もこれまでと変わらない――つまり、これっぽっちもないということ。ウォルマートの嫌いな点はたくさんあるが、その中からもう一つ教えよう。ウォルマートは、悪魔ほどもまったく信用ならない。その理由は次のとおりだ。

理由その1
約束、約束

かつて、ウォルマートにほんのひと握りの店舗しかなかったころ、サム・ウォルトンが店長会議を招集した。ある店長の妻が、ウォルマート・チェーンはそのうち、年中無休営業になるのではないかと心配していたところ、サムは二つのことを請け合った（いや、請け合ったのは次の二つだけではなかった）。

ウォルマート・チェーンは、絶対に絶対に絶対、日曜日に営業することはない。

ウォルマート・チェーンは、絶対に絶対に絶対、どんな種類のアルコールも売ることはない。

（サムの絶対にしないルールを、ほかにも覚えているだろうか。絶対に絶対、ウォルマートが歓迎されていない町には出店しない、というルールだ。そのルールがどうなったのか知りたければ、第2章に戻ってみること）

守る気など毛頭ないのに、こんな約束をして何の意味があるのだろう？　その約束がどうなったかというと――。

アイオワ州のペラという小さな町の商店は、長いあいだ安息日である日曜日を休日としていた。その町のウォルマートは九年間、このタブーを尊重しているようだった。しかし一九九〇年ころ、突然ベントンヴィルの本社から命令が下った。日曜の一二時から五時まで店を開けろ、と。あの会社の約束などそんな程度のものなのだ。そして地元の感情に対する配慮も。

だが事態はもっと悪い方向へ進む。

今やウォルマートは会社の方針として、州や地方の法律で禁止されていなければ、どの店も日曜に営業する。そのため近辺の競合店も、生き残りたければ日曜に営業せざるを得ない。さらに、信仰心の厚いウォルマートの従業員は、どうしようもないジレンマに陥った——安息日に働くか、職を失うか。

ウォールストリート・ジャーナルによると、ミズーリ州ボリヴァーのウォルマートで働いていたスコット・ハンビーは、教会に行きたいからと日曜日の勤務を拒否したために、クビになったという。

ハンビーの話では、彼の置かれた状況に対する店長の反応は、スタッフの出勤日を決める女性社員に、「辞めるまでスコットを日曜日の勤務につけろ」と指示することだった。敬虔なクリスチャンであり、サウスウェスト・バイブル大学を卒業しているハンビーにとって、職は必要だったが、自分の信念はもっと大切だった。彼は訴訟に頼るしかないと思った。ミズーリ州スプリングフィールドの裁判所は、ハンビーに味方した。

この訴訟の結果、ウォルマートは、日曜日にはサムのほかにもあがめたいものがある人々に配慮するように、方針を変更せざるを得なくなっている。ウォールストリート・ジャーナルは、この示談が「従業員の宗教上の慣習と相容れない週末の人手を必要とする、ほかの会社をも広範囲に巻き込んだ」ことにも言及している。

このときはサムも手ごわい相手にぶつかったわけだ。

だが酒についてはどうだろう?

そう、サムが二番目の「絶対に絶対しない」約束（ウォルマートは、絶対に絶対、どんな種類のアルコールも売ることはない）をしたあと、おおかたの推測では、ウォルマートは全米最大のビールとワインの調達業者になっている。

つまり、厳粛な誓約は二つとも完全に破られたわけだ。ほかの「確かなもの」（つまり死と税金）も、こんなに簡単に避けられたらどんなにいいだろう。

理由その2
いつもやり方が卑怯

ウォルマートは何年間も、「いつも、どんなときも、どこよりも低価格」というスローガンを掲げていたが、商事改善協会が設立した全国広告審査委員会が、いつも（どこよりも）低価格というウォルマートの主張を調査してから、事情が変わった。委員会は、この主張が昔も今も真実ではないと知り、即刻ベントンヴィルのわが友に、この言い方をやめるよう命じた。

そこでウォルマートは会社のモットーを、なんとか法律の網をくぐり抜けられるものに変える必要に迫られたが、変えるにしても——「いつも、どんなときも低価格」のように——もとのスローガンに非常によく似ていて、ウォルマートがいちばん安いという一般の人々の認識を変えないようなものでなくてはならなかった。

アーカンソー州（ウォルトンの本拠地）のベリーヴィルで、スター・プログレス紙を発行しているボブ・ムーアは、編集者でありコラムニストでもあるトム・ラリマーに調査を依頼した。ウォルトン家が初期にアーカンソーで成功したのは、小さな町の新聞に負うところが大きかったのに、ウォルマートはすでにそういう新聞の広告から手を引いていたので、ラリマーとしてはウォルマートの逆鱗《げきりん》に触れてもかまわなかった。

ラリマーは自分のコラム「ポプリ」に、「ショッピング・ツアー」について書いた。編集部員たちが、ボールペンからピーナッツバターまで、一九の商品のリストを作り上げた。そしてリストを半分に分け、買い物する日を、二週間以上あいだを開けて二日選んだ。片方の日にだけ特売にぶつかって、結果の公正さが失われるのを避けるためだ。彼らは近辺の六軒の店を選び――もちろんウォルマートも入っていた――買い物に出発した。

最終的な分析で、ウォルマートがいちばん安かったのは、わずか二つの商品だけだった。しかもそれは、一回目の買い物での話だ。

二回目は、ウォルマートでの買い物がいちばん高かった。それを証明するレシートもある。

この種の調査は、このところよく新聞社がやっている。アーカンソー新聞協会の会員は、ウォルマートのマーケティング担当副社長、ポール・ハイアムに会ったあと――そして冗長な長話で広告出稿を断られたあと――（三六ページの補足記事「理由を説明する必要はない」を参照）独自の覆面調査を行なった。

アーカンソー新聞協会の会報によると、驚いたことに、ウォルマートでは同じ商品の値段が店舗によって全然違うことがわかったという。近所にターゲットかＫマートがあれば、ウォルマートは価格を下げざるを得ない。

「最終結論――小さな町のウォルマートの客は、Ｋマートやターゲットがある隣町の客よりも高いお金を払っている」

庭の水撒きホースからバービー人形まで調べて、平均するとKマートの価格のほうが、ウォルマートやターゲットの価格より低いことがわかった調査が少なくとももう一つある――オースティン地方のテキサス新聞協会の職員が行なったものだ。

こういう結果を知って、あなたもふだん買う商品の価格を、ちょっと比べる気になってくれたらうれしい。

理由その3
広告の中のうそ

ミシガン州検事総長は、州の消費者保護法に違反している疑いがあるとして、ウォルマートを告訴した。ウォールストリート・ジャーナルによると、ミシガン州検事総長は、ウォルマートの店内広告が誤解を招きかねないものであることを発見したという。その広告は、「大きさやモデルが異なる商品を、そのことに触れずに比較していた。……そして、競合店の価格を誇張している場合もあった」。ウォルマートは、競合店との価格の比較方法をあれこれ変えることに同意して、示談をまとめた。おいおい、最初から正直に、正確にやったらどうだ？

みなさんが興味を持ちそうな、こんな話もある。ウォルマートでは客が価格をメモすることを許すのは、「店の方針に反する」そうだ。AP通信の伝えるところによると、フロリダ州スプリングヒルのヴァージニア・バーガーは、ウォルマートで値段をメモしていたら、呼び止められてそう言われたという。夫とともに年金と障害者給付金で暮らしているバーガー夫人は、

「腹が立ったし恥ずかしかったです。店の人たちが私を放り出すかと思いました」と言っている。その後彼女は、Kマートやターゲットでは、値段を書きとめても何の問題もないと知った。これはどういうことだろう？

理由その4
うそつきクラブ

もう一つ、ウォルマートの重役たちが赤面するような話がある（まさか実際彼らが恥ずかしいと思うわけはないが）。ミズーリ州では、検事総長がウォルトン・エンタープライゼスに対して、サムズ・ホールセール・クラブ部門の「ホールセール（卸売り）」というのは言葉の乱用だと警告した。このディスカウントの楽園に入るための会員証に、客は二五ドルを払う。だが本当に卸売りの取引なのだろうか？　絶対に違うと検事総長は判断した。そしてウォルマートのその部門は、今は何と呼ばれているだろう？　そう、サムズ・クラブだ。

理由その5　国産品？
とんでもない

これは私がウォルマートと争ってきたほぼ一五年のあいだに出くわした話のなかでも、最もびっくり仰天したものの一つだ。この話には身の毛がよだって収まらなかった。それはひとえに、ウォルマートがあまりにも恥知らずだからだ。

よくあることだが、始まりはウォルマートの不快な企業スローガンだ。「私たちはできる限りアメリカ製品を買います！」と、アメリカ合衆国アーカンソー州ベントンヴィルのボスは公言している。彼らの言葉の多くがそうであるように、このスローガンはウォルマートがよいこと（「アメリカ製品を買います！」）をしているように思わせる。しかも実際は、訴えられたときの抜け道を用意している（「できる限り」）。どんなことだろうと、ウォルマートが「できる」か「できない」かを決めるのはだれだろう？　もちろんウォルマート自身だ。

ここまでなら、単なる玉虫色の企業宣伝にすぎない。みなさんにも私にもわかる。驚くほどのことではない。本当の意味がわかっていれば信用しないだろう。だが、彼らの見下げ果てたやり口はこれからだ。

一九九二年、ウォルマートは「アメリカ製を買おう《バイ・アメリカン》」をうたう、赤と白と青に彩られた大々的なマーケティング・キャンペーンを行なった。アメリカ製の商品が梁《はり》まで積み上げられたウォルマート・ストアの大群を映し出して、愛国心を誘い、情に訴えるテレビコマーシャルが放送された。どの店でも、アメリカ国旗や、赤と白と青の旗や、「メイド・イン・USA」の張り紙とともに、愛国心をあおって買い物客をしつこく口説《くど》くメッセージが繰り返された。ウォルマートはアメリカ製品を買います。だからあなたもウォルマートで買いましょう。

元ウォルマートCEO、デーヴィッド・グラスは、NBCのブライアン・ロスのインタビューで、「この国では、世界のほかのどこにも負けないくらい効率よく生産的に、まったく同じ価値の商品を作ることができます」と、誇らしげに語った。とてもいい話に聞こえる。けれどもフォーブス誌によると、一九九二年にウォルマートが中国から輸入した製品は、一つの港（ロングビーチ）に着いたものだけでも、合わせてコンテナ二万二〇〇〇個に達した。「アメリカ製を買おう」キャンペーンが熱狂の極みに達していたのと同じ年のことだ。これこそ低俗な販促の極みだ！

一九九五年にウォルマートの輸入は、中国からのものだけでも、コンテナ四万七〇〇〇個に倍増した。一九九七年には、控えめに見積もっても五万二〇〇〇個だ。しかもこの数字はロングビーチだけのもので、ウォルマートの中国からの全輸入量の二六パーセントに過ぎない。

この話をイメージとしてはっきりつかむために、コンテナを二個積んだ貨車を思い浮かべてほしい。私が子供のころ、小さな町の鉄道員だった父が、日報に書き入れる列車の車両を数えさせてくれたとき、私は貨車の長さはおよそ三〇メートルであることを覚えた。ということは……ウォルマートが一九九七年に中国から輸入したものを運ぶには、長さ三〇四六キロメートルの貨車が必要になる。これはメイン州ポートランドからフロリダ州マイアミまでの距離だ。そして忘れないように言っておくが、ウォルトン帝国は、中国のほかにも世界のあちこちの国から輸入している。

一九九〇年代半ば、ブライアン・ロスとNBCのニュース番組「デイトライン」の制作班は（隠しカメラを持って）、「アメリカ製を買おう」のポスターがべたべた張ってあるウォルマートの店に入って、そこには外国製の服がごまんとあるのを見つけた。中国製、韓国製、バングラデシュ製、そして香港製の商品が、まぎらわしい「メイド・イン・USA」の表示の下に吊るされていたが、本当のアメリカ製は実際のところ一つも見つからなかった。このチームが訪れたフロリダ州とジョージア州の一一の店舗で、こういう結果になった。

そこでデイトラインは、デーヴィッド・グラスをオフィスに訪ね、ウォルマートで「メイド・イン・USA」の表示の下に吊るされていたバングラデシュ製の子供用ジャケットを見せた。グラス氏の意見は？　「それは店での手違いでしょう。『メイド・イン・バングラデシュ』と書いてある服を『メイド・イン・アメリカ』と表示されているラックに吊るして、人をだませると考えているとしたら、間抜けですよ」

へえ、それは妙だ。それこそまさに、ウォルマートがとんでもなくいんちきな「アメリカ製を買おう」キャンペーンで企んでいることのようなのだが。

客（つまりあなたや私のことですよ、みなさん）をだましていたことだけでなく、ウォルマートの「アメリカ製を買おう」には、ほかにも二つ三つ恥ずべき秘密があった。ウォルマートと海外メーカーとのつながりの裏にある下劣さについては、第5章で読んでいただきたい。

理由その6　サンタクロースか？　守銭奴か？

ウォルトン一族は、アメリカで一、二を争う金持ち家族として知られている（推定資産は一〇〇〇億ドル）――そしてお金を貯め込む才能でも知られている。けれども気づいたのだが、この一族は何年間も、フォーチュン誌の「アメリカで最も気前のいい企業五〇社」には入っていない（一九九九年六月現在）。ガン撲滅を助けるためならば、そのうちウォルトン家の五人のうちの一人が財布のひもを緩めるかもしれない。一九九〇年代初めに「家長」がこの病に倒れたのだから。

ウォルトン家はまったく何も出さないわけではない（それほど馬鹿ではない）。「奨学金および公立学校の改善への援助」に的をしぼったウォルトン・ファミリー基金というのがある。詳細を調べなければ、すべて申し分ないように思える。ワース誌の一九九九年一一月二三日号に掲載された「寄贈者トップ一〇〇」（生涯の寄付金を総計しており、個人的な基金への寄付はお金が支払われるまで勘定に入れていない）によると、サムの未亡人であるヘレン・R・ウォルトンは五九位に入り、六八〇〇万ドル以上を〝教育〟に寄付したとされている。だがそのうち五〇〇〇万ドルは、アーカンソー州立大学のサム・M・ウォルトン経営大学に入っている。この大学はウォルマートの世界乗っ取り計画のための新兵訓練所だと考えても、きっと許されるに違いない。

息子のジョン・T・ウォルトンは、五三〇〇万ドルを寄付して、ワース誌の七四位にすべり込んでいる。だがそのうち五〇〇〇万ドルは、「スラム地区に住む低収入の子供たちが、教区学校や私立学校に行くのを助ける奨学金制度を始める」ためのものだ。ちょっと待って。「公立学校の改善への援助」はどうしてしまったのだろう？

企業としての寄付はどうだろう？　競合五社が束になってもかなわない世界最大の小売業者ウォルマートは、どれだけ期待に応えているのか？　私たちはどこだろうとディスカウント業者をほめるのが本分ではないが、もしそういう意思表示が必要なら、立派な福祉に気前よく寄付している、デイトン・ハドソンのターゲット・チェーンを賞賛しよう。私たちの情報源によると、一九九九年、デイトン・ハドソンは週に平均一〇〇万ドルを非営利団体に寄付したそうだ。

デイトン・ハドソンとウォルマートを比べてみよう。ヴァリュー・ラインの最新版によると、ベントンヴィルのやつら（ああ！　彼らの本当の姿を表わす名前で呼びたいものだ）は、ターゲットの親会社の四倍を超える規模だ。

それでは、デイトン・ハドソンが毎年慈善のために寄付している五二〇〇万ドルを、四倍してみよう。ウォルマートは毎年およそ二億ドルを、そのお金の出所である人々に還元しなくてはならないことになる。ウォルマートのウェブサイトに掲載されている、二〇〇〇年一月三一日までの会計年度の年次報告書によると、ウォルマート基金は合計一億六四〇〇万ドル（正確には一億六三八三万四三四三ドル）を「地域参加」に提供したという。

ウォルマートは、規模は四倍かもしれないが、気前のよさは競合他社におよばない。ウォルマートの「地域参加に関する考え方」の飾り立てた言葉を見てみよう。

◉私たちは、経済的あるいは物質的な寄付をするよりも、参加することに大きな意味があると信じています。アソシエイツには、ぜひともボランティアの機会を探し、地域社会にかかわってほしいと考えています。私たちの地域参加プログラムのほとんどは、募金に協力して、

地域の非営利団体を支援するよう、アソシエイツに求めています。〔傍点は引用者〕

なるほど。さきほどの一億六四〇〇万ドルのうち、いったいいくらがウォルマートのアソシエイツの自発的努力から出ているのか、考えざるを得ない。第3章にその窮状を詳述した、働きすぎで不当に給料が低い、あの従業員たちの話だ。

ウォルマートはいつでも喜んで「地域社会への還元」について吹聴する。ほんの小さなジェスチャーで、無理にでも世間の注目を引こうというわけだ。例を挙げよう。

事例1

一九九〇年代半ば、ヒューゴー台風がフロリダ州ホームステッドを襲ったとき、ウォルマートは臆面もなく、一〇〇万ドルの商品を寄付したことを公表した。しかし一方で、ウォルマートはその寄付が納入業者との共同事業であることや、よく目立つようにウォルマートのトラックで商品を運んだことを公にするのにはあまり熱心でなかった。ウォルマートは、参加した業者の名を教えてほしいという依頼を拒否した。

事例2

私の家のあたり――テキサス州――は、一九九八年に旱魃《かんばつ》に襲われた。あまりにひどくて、農場で家畜用の干し草が底をついた地域もあった。

そこで中西部の農場地域がいくつか協力し、自分たちの余剰物資を提供することにした。ウォルマートは簡単な計算をして、自分たちはたいした寄付もせずに宣伝ができる絶好のチャンスだという結論を出した。

ウォルマートは自分の会社の大型トラック一台に、テキサス州テレルに送る余剰干し草を積んだ。すると新聞がそれに注目した。一面で取り上げた地方紙もあった。「気のいい南部人ウォルマート、救援に向かう！」

ウォルマートはガソリン二タンク分の費用を出しただけなのだ。ひょっとすると一タンクかもしれない。

いちばんの敵の手助けをするとは、新聞は最悪の大バカ者ではないだろうか（競争相手をすべて押しつぶしたら、地方紙への広告はやめてしまうウォルマートのやり口については、第1章を参照していただきたい）。

事例3

フロリダ州リーズバーグのデイリー・コマーシャル紙は、ウォルマートがバレンタイン用キャンディーの売れ残りを地元の小学校に寄付したことを賞賛する記事を掲載した。店長は、この贈り物をおよそ二〇〇〇ドルと見積もり、さらにこんな宣伝までしている。「私たちは相応の援助金や補助金で地域社会に大きく貢献します。こういう協力ならまた喜んでさせていただきます」

美談だ。だが記者に、こんな辛辣な手紙が送られてきた。「この寄付に、あの巨大小売店はびた一文出していない。キャンディーメーカーへの支払いを取り消したのだ。……ウォルマートは大半の納入業者や製造会社と、〔季節商品について〕継続契約を結んでいる。……損をするのは彼らであって、ウォルマートではない」

そう、ウォルマートは機会あるごとに、自分が善良な市民であることを喧伝する。あなたはいま現在、とくに何かをしているわけではないのだから、机に向かって、次の言葉をはがきに書いてほしい。

アーカンソー州ベントンヴィル
ウォルトン家のみなさんへ

お金を持つのはよいことです……
でも、お金に持たれてはいけません。

読者からの手紙

「止まれ、さもないと撃つぞ！」

サウスカロライナ州エディスト島のフィル・バーディンは、ウォルマートで買い物をする場合、値札のタグがついていないもの――つまり、値札に「鍵がかかって」いない商品は絶対に買うな、という警告の手紙を書いている。

フィルは友人とウォルマートに行った。友人が買った重い棚にはタグがついていなかったので、レジ係は値段を知るために副店長を呼んだ。

長いあいだ待たされたあと、すべての商品の代金を払って、フィルと友人は出口に着いた――すると警報器が鳴ったのだ。

「〝親しげな〟店員がレシートを見せてくれと言って、私の連れのバッグに入っていた小さな袋をすべて入念に調べました」とフィルは書いている。

「私はその人に二回も、たぶん棚のせいだと言いました。でも彼は私の言うことに耳を貸さず、また通るように言うんです。そしてまた、ブー！　そのころには見物人が集まってきました。私には彼らが何を考えていたかわかります。店員は三度チェックして、ようやく私たちが買ったものの代金をすべて支払ったと納得しました。その〝強権〟店員は、あやまりもしませんでした。一言も」

帰る道々フィルは友人と、自分や自分の家族は、ウォルマートで一年におよそ二万五〇〇〇ドルを使っているのに、と話したという。

フィルは、ウォルマートでの買い物には何度もがっかりさせられたそうだ。最初の日に飾りのピンが壊れた靴、すぐにだめになる服、現像サービスに頼んだ写真のひどい傷。そういう満足のいかない商品について、彼はいっさい苦情を言ったことがなかった。

だがウォルマートの警備システムときたら……。

「このあいだの犯罪者扱いにはがまんならない」とフィルは締めくくっている。

サム・ウォルトンが第一号店を開いた町に住む、とても不幸な（元）ウォルマートの客から手紙をもらった。アーカンソー州ロジャースのバーナード・I・スミスは、こう書いている。

「二度と再び」

◉一九九六年、私は高血圧の薬の処方を、なじみの薬局からウォルマートに切り替えました。安いという広告に引かれたのです。処方薬を薬局カウンターで受け取り、家に戻って値段を確かめたところ、ウォルマートはいつもの薬局よりも三ドル近く高いことがわかりました。これだけなら私の判断ミスだとあきらめたでしょうが、ウォルマートはこれでは儲けが足りないと考えたのか、おまけに売上税まで加算していたのです。医薬品に売上税はかかりません。私は頭にきて、説明して返金してもらおうと店に戻りました。店は加算されている売上税の返金には同意しましたが、私はそのお金を受け取るためにサービスセンターに回されたのです。なぜなのでしょう？　私は返品したわけではなく、自分のお金を取り戻そうとしていただけです。返金は、もともと間違いが起こった薬局のレジからなされるべきだと思いました。

サービスカウンターで三〇分も待たされたあと、私は二度とウォルマートで処方薬を買うまいと誓いました。

偶然あなたの本を買って、じつに楽しく読みました。心の底から同感です。ウォルマート国家の中心部に住んでいると、彼らがこの国を実際に破滅させている様子が、次から次へと見えてきます。

「警備員、五番通路に急行せよ」

フロリダ州ゲーンズヴィルのラウル・アンダーソンは、ウォルマートで買い物するのをやめた理由を、生き生きと語っている。

◉私は店に入ったとき、買いたいもののところにまっすぐ行って、買ったらすぐに出て行く気にはならない。あちこち回って、調べたり値段を比べたり、……ただ品物を「ほしいと思う」のが好きだ……今は買う余裕がないけれど、いつか手に入れられるかもしれないものを見るのって、楽しいですよね。

でもウォルマートは、そんなことはさせてくれない。ほしいものを買って、すぐに出て行ってほしいと思っている。

ウォルマートに行くたびに、こんな声を聞いたものだ。「警備チェック、警備チェック、五番通路を確認。警備チェック、警備チェック、七番レジを監視」

こんなものを聞かされたら、ウォルマートでゆっくりした気分にはなれない。客全員に自分は監視されているのだと思わせるために、警備チェックのメッセージが絶えず連呼されている。かがんで靴のひもを結んだり、商品をもっとよく見ようとするのさえためらわれる。

私はこう思う。もし何か間違ったことをしたのなら、堂々とつかまえればいい。警備で脅しをかけて、買い物の楽しみを台無しにするな。

私は今、もっとショッピングを大事にしている別のディスカウントストアに行っている。だからはっきり言うが、ウォルマートなんか、くそくらえだ。人生には値段の安さより大事なものもあるのだ。

第5章 ウォルマートの骨の髄までとことんあくどい9つの手口

高く評価されている中央テキサスの連合メソジスト・レポーター紙から抜粋した次の記事ほど、この反ウォルマート本にとって価値ある寄稿はないだろう。

メソジスト教会、ウォルマートの倫理観に疑問を投げる

◉連合メソジスト派の機関を含めた、三〇あまりの宗教団体、労働団体、消費者団体、人権団体、その他の投資家団体が、ウォルマートに対して、企業としての社会活動および環境活動を改善するよう強く求めた。企業責任宗派連合センターによって組織されたこの団体連合は、市場で成功を収めるためのウォルマートの戦略的ビジョンに、倫理基準がないのは恐ろしいことだと主張した。〔傍点引用者〕

宗教的・社会的指導者たちのあいだで、あのベントンヴィル人に対する組織的な反対運動が起こっていると聞くと、勇気づけられる。

さらに、ウォルマートのとことんあくどい九つの手口に関する解説を、最後まで読んでほしい。そのあと、電話帳を取り出し――あるいはインターネットにアクセスして――あなたの家の界隈で、反ウォルマートのために団結している組織を見つけてはどうだろう。彼らの善戦に協力したら、きっと喜ばれるだろう。

手口その1
搾取工場

前章で私は、ウォルマートの「アメリカ製を買おう《バイ・アメリカン》」キャンペーンは、卑劣で汚くて、客をだましていただけではない（それでも十分あくどいが）ことを、もう一度取り上げると約束した。

ウォルマートの「アメリカ製を買おう」キャンペーンで掲げられた、赤白青の「メイド・イン・USA」の垂れ幕は、愛国心を喧伝するだけのまったくの見せかけであり、実際その向こうにあったのは外国製の商品だった。ラベルには「香港製」「中国製」「韓国製」「バングラデシュ製」と記されている。どこであれ、できるだけ製造コストがかからない国で作られ、アメリカ市場で売られるために送られてくるのだ。

海外、とくにアジアや中南米では労働力が非常に安いので、アメリカの小売店は夢のようなバーゲン価格で服やその他の商品を提供しても、いくらか儲けることができる。それは何も悪いことではない、と言う人もいる。ビジネスはビジネスだ。客がお買い得品を求めるのなら、小売店としてはどうしたらいいか。一本一九・九五ドルのズボンに、二五セントの労働コストしか払わないことの何がいけないのだ、と言う人もいるだろう。アメリカの組合役員のジェフ・フィードラーがNBCのインタビューで言ったように、ウォルマートのスローガンは、「私たちはできる限りアメリカ製を買います――バングラデシュで子供たちに安く作らせることができなければ」にするべきかもしれない。

一九九九年、バングラデシュのダッカ輸出加工区にあるベクシムコの工場の労働者――おもに一〇代の少女――は、ウォルマート向けのシャツとズボンを縫っていた。週に八〇時間、時給九セントから二〇セントで。キャシー・リー・ギフォードが、ウォルマートで売られている自分のブランドの服が、中国や中央アメリカにある搾取工場の一〇代の少女たちによって縫われていると知って流した、当惑の涙を覚えているだろうか？　この恥ずべき事業活動を暴露するニュースによって、あまりにも当たり前になってしまったことに、一条のかすかな光が投げかけられた。ウォルマートの重役たちが何と言おうと関係ない。どちらにしても、自分のドレスが労働力の安い国々で作られていることを、キャシー・リーが知らなかったと信じる人がどれだけいるだろうか？

人権擁護団体である全国労働委員会（NLC）の幹部役員、チャールズ・カーナガンは、一九九五年、ホンジュラスのグローバル・ファッション工場の労働条件を、議会で証言した。一三歳から一七歳の少女が、ウォルマートで売られる一九・九五ドルのキャシー・リーのズボンを、時給三一セントで縫っていた。週に七五時間、健康管理もなく働いていたのだ。少女たちは、一日二回しかトイレに行くことを許されず、お互いに話をすることは禁じられていた。

一九九九年九月、カーナガンはこう嘆いた。「私の手元には、二度と搾取的な労働条件を黙認せず、すべての店を地元の宗教や人権の指導者による査察に公開することに同意する、キャシー・リーが署名した書類があります。これらの約束は一つも守られていません」

それと同じ月にNLCは、中国の工場の年季奉公労働者は、ひどい条件で生活していると報告した。時給二、三セントで一日一二時間から一四時間、つらい労働をしている（中国の法定最低賃金である時給三一セントでも、食べていくには足りないのだ）。

彼らは何を作っていたのだろう？ ウォルマートで八・七六ドルで売られている、キャシー・リー・ブランドのハンドバッグだ。このバッグはアメリカの標準では安い。非常に安い。それでも、それを作っている搾取工場の労働者は、バッグ一個を買うために一週間以上働かなくてはならない。

真相はこういうことだ。中国やバングラデシュや、その他多くの国々で作られた商品を買ったら、たとえ「見ざる言わざる聞かざる」を通すことはできても、それらの商品のなかには、ぞっとするような労働条件で働いている子供たちの作ったものが、少なくともいくつかはあるという事実から逃れることはできないだろう。

搾取工場の話には、おかしな一面がある。アメリカでは、輸入品がどこで作られたかを明らかにするよう、小売店が求められることはほとんどない。地元のウォルマートで買い物をしていて、子供用トレーナーに、実際それを製造した中国の工場の名前が記されているタグがついているところを想像できるだろうか？ 無理だ、とあなたは言うだろう。だが中国のウォルマート・スーパーセンターで買い物をしたNLCの職員は、まさにそういうタグを見た。中国の消費者権利法は、この情報開示を求めている。守られているとは限らないが、少なくとも法律ではそうなっている。アメリカの店では、ウォルマートは輸入品の詳しい製造元を客に開示していない――開示させる法律もない。

搾取工場の話題になると、ウォルマートは「それはわが社ではない。わが社はそんなことはしていない」という常套句を口にしているが、それはさておき、この悲しむべき問題に関して、私は何とか別の公式コメントを拾い集めた。当時ウォルマートのマーチャンダイジング担当副社長だった（二〇〇〇年にCEOに昇格した）リー・スコットは、こう語った。

「搾取工場の問題は非常に重大かつ複雑で、根本から取り組もうとしても、一企業あるいは一人の人間の手には負えません。だが私としては、業界の他社と協力して、何らかの改善ができる自信があります」。男らしい発言だね、リー。

肝心なのは、何百というウォルマートの海外代理店――そしてベントンヴィルの大ボスたち――が、知っていると言おうが言うまいが、ウォルトン家が世界屈指の金持ち一家になっているのは、幼い子供たちのおかげだということだ。私に言わせれば、じつにひどい話だ。

みなさんのため、だってさ

ウォルマートは、これ以上目くらましの策略は使えないだろうと思われても、また新しい手段を考え出してくる。

一九九九年八月初め、テキサス州検事総長は、サムズ・クラブのチェーンが、プリペイドの長距離テレホンカードについて誤解を招く広告をしているとして、ウォルマート・ストア社を州裁判所に告訴した。ウォールストリート・ジャーナルによると、テキサス州の地方裁判所に提出された訴状には、そのテレホンカードの、

「利用可能な時間数が誇張され、一分当たりのコストが控えめに言われており、ほかの長距離電話と比べたときの節約費用が、不正確に述べられている」

と書かれてあった。

さらにウォールストリート・ジャーナルの伝えるところでは、ジョン・コーニン検事総長は、一つの違反につき二〇〇〇ドルの民事処罰に加えて、ウォルマートに対する禁止命令を求めた。

手口その2

灰色市場《グレーマーケット》のマーチャンダイジング

これは、一度ならず起こっている。アメリカの法律に違反する方法で作られた、あるいは輸入された「灰色市場《グレーマーケット》」の製品が、ウォルマートで発見されているのだ。これで、少なくともウォルマートは、自社の商品に関する製造会社の主張や保証を、いい加減にしか検査していないことが実証されている。

一九九三年、フロリダ州の検事総長は、日本のセイコーのブランドをつけた粗悪な腕時計を売り、その腕時計にはセイコーの保証書がついていると顧客にうそをついた嫌疑でウォルマートを召喚した。実際、その腕時計はメーカーの許可なく製造され、輸入されたものだった。ウォールストリート・ジャーナルがこの件でウォルマートに電話取材を申し込んだところ、広報ウーマンはこの申し出についてコメントしようとしなかった。

私が初めて紙面でウォルマート批判を行なったのも、この事件と同じようなことがきっかけだった。

一九八三年のこと、ウォールストリート・ジャーナルは、スポーツ用のシューズと服を作っているナイキが、商標の侵害、不公正な競争、および商標の希釈化で、ウォルマートを起訴したと伝えた。つまり、ナイキは食い物にされたのだ。連邦訴訟は、ウォルマートがにせのナイキの商標がついた服を売っていると主張した。ナイキは勝訴した。

およそ一四年後、ウォルマートは同じ罪で捕まった。一九九六年、ヴァージニア州リッチモンドの連邦判事は、ウォルマートとその中国の製造会社を意匠特許侵害で有罪とした。相手は、ナイキだ！　共同被告人となったウォルマートと製造会社のハウ・ユエは、ナイキのアウトドアシューズ、エア・マーダのコピー商品を作って売ったために、しぶしぶながら六〇〇万ドルを支払うことになった。裁判所はさらに、共同被告人のいずれにも、ナイキのシューズのコピー商品の販売を禁じる命令を出した。

だが一九八三年の訴訟を振り返ると疑問に思わざるを得ない。この強欲企業は学習しないのだろうか？（責任を感じているのがだれか、私にはわかる。すべての非難と責任は、納入業者であるハウ・ユエにある、とウォルマートは公言した）。

ところでウォルマートは、ほぼすべての海外業者との契約に、製造会社とウォルマートに対するいかなる判決や示談もその責任は製造会社が負う、とする項目を入れるそうだ。これもまた、ビジネスパートナーでもだれでも犠牲にして責任（と出費）を逃れようとする、ウォルマートの手口なのだ。

いつも、どこよりも高い処方薬

ウォルマートはどこよりも安いという、あのでたらめを信じてはいけない——どんな商品についてであれ。

処方薬を例にとってみよう。これもまた年配の客は、お金を節約できると考えるところだ。だが覚えておいてほしい。ウォルマートの「いつも、どこよりも安い」が本当であることはほとんどないようだ。

私たちが気に入っている地元の薬局で、たまたまアラン・カルメナと出会ったとき、それを裏付ける事実を知った。ミンヤードというその薬局は、ダラス・フォートワースの一家が一五年前に開いた家族経営の店だ。カルメナ氏は、ミンヤードの価格がちょっと高すぎると考えて、もっと安いところはないかと、「町のあちこちで」買ってみた。

うれしいことに、彼はミンヤードに戻ってきた。そして自分の処方薬が調合される前に、にやりと笑って聞いてきた。「フォートワースでいちばん処方薬が高いのは、どこだと思います？」

私たちはあえて推測を口に出した。「ウォルマート」

ビンゴ！

カメルナはミンヤードの薬剤師に、自分と奥さんが三カ月ごとに買う処方薬について、わかったことを教えた。

ウォルマート　四六四・四六ドル
AARP通信販売　四四三・一〇ドル

ミンヤード　四一五・七六ドル

全国のあらゆるウォルマートの店の前に、こんな張り紙をしたいものだ。
「ウォルマートに告ぐ。私たちは、いつも安く買えているぞ!」

ホールセールだって? 検事総長は違うと言っている!

手口その3
割当て破り

「デイトラインNBC」が一九九二年に放送した、ウォルマートの海外での仕入・販売活動に関するぞっとするような暴露報道で、この小売業者が一つの商品から、あさましくもう二セント、三セントと小銭を搾り取る手口が、さらに一つ明らかになった。その手口はこうだ。メーカー、とくに中国のメーカーが、法律で輸出が許されているよりもはるかにたくさんの安い服を製造し、そのうえで、その服は別のところで作られたことを示すタグを縫いつけ、アメリカの市場に送り出す。目をつぶってもいいというウォルマートのような小売店が、それに協力するわけだ。

香港のアメリカ税関当局の指摘によると、ウォルマートは、香港最大の代理店が、製造会社の一社が割当て破りにかかわっていると警告されたあとも、そういう疑わしい商品を仕入れ続けていた。

手口その4
客への過剰請求

これは人をだます行為だが、この罪を犯している大量販売店はウォルマートだけではない。値札読み取り装置《POS》のミスのことだ。NBCの内偵チームは、ウォルマートを含めたいくつかのディスカウントストアで、一〇パーセントから二五パーセントの確率で値札の読み取りミスがあることを見つけた。そしてそのミスの四回に三回は、店に有利なミスだったのだ。これは悪意があってというより、杜撰《ずさん》だからかもしれないが、もしその確率が逆だったら（四分の三は客が得をするミスだったら）、ウォルマートもほかのディスカウントストアも、ミスを一掃する方法を血まなこになって探すに違いない。

私には、ウォルマートのレジ係をからかうのを気晴らしの手段にしている友人がいる。ずっと前、ラルフ（ウォルマートの警備員が危害を加えると脅してくるかもしれないので姓は削除する）はレシートをチェックして、過剰請求を四つか五つ発見し、すぐに店長にも聞こえるほど大きな声で騒いだ。

われらがラルフは、月一回配られる特売品のチラシを手にして、ウォルマートに行く。一つひとつ商品をチェックしながら、カートをいっぱいにする。そしてレジカウンターで、レジ係が商品を一つ打ち込むと、「ちょっと待って」と声をかけて、チラシの特売価格と照らし合わせる。

二〇近くある商品について同じことを繰り返し、あとの一〇人の客を合わせたよりも長い時間をかけて、レジを済ませる。

そのウォルマートは、町のだれよりもラルフを憎んでいる。それこそ彼の望むところなのだ。彼はいつもにやにやしながら店を出る。そしてそのごきげんな気分は、少なくとも二日は続く。

鳥だ！

カリフォルニア州コロナのウォルマートで、倒れた棚の下敷きになった女性が重傷を負った。この事故ではほかにも二人が軽いけがをして、地元の病院で手当てを受けた。重傷を負った女性の夫は、この事故に対するウォルマートの対応を非難した。「店長は私に声をかけてもきませんでした。私のほうから探さなくてはならなかったんです。店には治療費を払う義務があるのに、私は電話番号しか知らないんですからね」。この痛ましいけがを負った女性が、その被害に対して少しばかりのお金を——治療費も含めて——もらいたいと言ったら、きっとウォルマートは最高裁までも争おうとするに違いない。

飛行機だ！

店の天井まで商品を積み上げて倉庫スペースを節約しようという、ウォルマートの痛切な願望は、このディスカウントストアにとって高くつくようになり始めた。いま私の手元には、重さ一四キロの箱が元看護師の女性の上に落ちて、ウォルマートは四三万五〇〇〇ドルを支払うように命じられたと報じる新聞記事がある。彼女の弁護士は陪審に、効果的な証拠を提示した。「商品の落下によってけがをした客が、ウォルマートを相手に起こしている訴訟は全米で二万五〇〇〇件もある」

モーター付きドリルが、頭の上に落ちてくる！

「落ちる価格に注意」とウォルマートはテレビコマーシャルで言っている。だが実際は、高さ三メートルにもなる商品の山から落ちてくる箱に気をつけたほうがいい。この会社は非常にケチなので、店に十分な保管スペースがないのだ。

だがここ一〇年間、商品の落下が原因で何百回も訴えられており、ウォルマートは店をもっと客にとって安全なものにするための手を打たなくてはならないかもしれない——とくにデンヴァーでは。この町では、モーター付きの氷上釣り用穴あけドリルの入った重さ四〇キロの箱が落下して、フィル・シャレルの頭を直撃し、彼は一生のけがを負った。

当然フィルは訴訟を起こし、陪審はフィルとその妻に三三〇万ドルの賠償金を認めた。ウォルマートはもちろん、その賠償金を不服として控訴している。

手口その5
税金逃れ

ついこのあいだまでウォルマートのCEOだった、人の倍は強情なデーヴィッド・グラスは、ウォルトン・エンタープライゼスから受け取る年収のうちの、アメリカ政府の正当な取り分の支払いを逃れる、あるいは遅らせる方法を見つけた。その方法ときたら、もしあれほどの悪意がなかったら、おそらくあなたも笑ってしまうようなものだ。

ウォールストリート・ジャーナルはこう説明している。「証券取引委員会に提出された予備委任状によると、一九九八年にグラス氏は、給料一一〇万ドル、株式報奨三〇〇万ドル、オプションの行使による三三六万ドルを含め、合計九九〇万ドルの年収があった。

ところがグラス氏は、給料の一部の受け取りを据え置いたので、基本給として実際に受け取ったのは一〇〇万ドル未満だった。そして二〇〇〇年一月までの会計年度にも、同じようにすることに同意した」

これが、国税局に――ひいては私たち一般の納税者全員に打撃を与える、ウォルマートの悪賢い手口なのだ。

「〔ウォルマートの帳簿のつけ方の〕結果としてグラス氏は、給料のうち一〇〇万ドルを超える部分は退職後に受け取るので、会社は彼の収入に税金の控除を適用することができる。国税局によると、一〇〇万ドルを超える役員への報酬は控除されない」

あの古い格言を思い出す。要するに、「貧乏人が勘定を払うためにあくせく働いているあいだに、金持ちはますます豊かになる」

もちろんウォルマートは、会社全体でも税金逃れをしようとする。第3章に、ウォルマートが受け取った商品の傷や不足に文句をつけて、納入業者に値引きを要求するのは日常茶飯事だ、と書かれていたのを覚えているだろうか？　ウォルマートが間違っていることを証明するかどうかは業者次第だが、出荷した商品はウォルマートの手にあるので、証明はほぼ不可能だ。

さて、ベントンヴィルの守銭奴は新たに、国税局をこの種のペテンにかけようとした。USAトゥデイ紙の報道によると、ウォルマートは、四年間にわたって報告した損失に対する税金三二〇〇万ドルを連邦政府に支払う義務がある。問題は、窃盗や損傷や誤記による損失を費用として計上するために、ウォルマートはその損失を実際に国税局に証明しなくてはならないことだ。連邦政府は棚卸しを要求している。

いやいや、そんな、棚卸しなんてできません、とウォルマートは言う。うちは規模が大き過ぎますよ。いやはや、どうして信用してもらえないのでしょうか、と。

私が最後に確認したときには、国税局はウォルマートを信用していなかった。町いちばんのいじめっ子でも、図体の大きな犬に出くわすことがあるのだとわかるのは、何とも気持ちがいいものだ。

どっきりカメラ

アル・ノーマンの『スプロール・バスターズ警報』一九九七年八月号に、こんな話が載っていた。

一人の男性が四〇〇ドルのカメラをウォルマートで買った。「フィルムを二本持って店に行き、よく調べて、カウンターの女性に見せました。写真に傷があって、彼女は『レンズがよくない』せいだから、カメラを返品するべきだと言いました。私が『それはよかった。ここで二、三週間前に買ったんですよ』と言うと、彼女は、『当店では返品を受けられません。通りぞいのKマートなら領収書なしで返品してもお金を返してくれるでしょうから、そうしたらここに戻ってきて新品〔のカメラ〕を買ってください』と言ったんです」。商道徳も顧客サービスも最低ではないか。

ご存知のとおり

もしウォルマートでけがをしたら、こういうことになるだろう。未亡人のフィリス・ブノワは、マサチューセッツ州ウェストフィールドにできた新しいウォルマートに行った。ブノワ夫人は、通路に落ちていた封の開いていないホールズ咳止めドロップで足をすべらせ、両脚が全開してしまい（いたっ！）、股関節を骨折した。店長は彼女のために車いすを用意し、彼女は病院に運ばれた。病院ではすぐさま股関節の整復が指示された。一一カ月後、ブノワ夫人はまだ痛みを感じており、医療費は三万五〇〇〇ドルを超えていた。ウォルマートは彼女の弁護士に、店には彼女の事故に対する責任はないので医療費の援助はしない、ときっぱり断言した。月六二九ドルの社会保障手当で生活している未亡人にとっては、何とも悲しい知らせだ。

メイド・イン・USA　アメリカの雇用と強さを守ろう
中国……中国……バングラデシュ……韓国。アメリカ製はどこ？

メイド・イン・USA？　とんでもない！

「デイトライン」の話と同じころ、ニューヨーク州にある地元の組合が、五〇〇ドルの賞金を二つ（一つは組合員向け、もう一つは一般向けに）出した。目標は、近所のウォルマートにある製品ラベルに書かれている国名を、いちばん多くリストアップすること。優勝者は、わずか六〇分で四〇カ国を集めた。

手口その6
利益誘導

こんなに大きくて新鮮なポークのかたまりはいかがでしょう？　一九九七年初め、「デイトラインNBC」は、アーカンソー州ハイフィルに、七〇〇〇万ドルをかけて貨物用空港を建設する計画があることを伝えた。例の会社のベントンヴィル本社から、わずか二四キロの場所だ。そして、何もない地域のど真ん中に、この貨物用国際空港を建設するための膨大な費用を払うのがだれかは明らかだ。そう、みなさんや私なのだ。私たちが作ったわけでもない商品をスピーディに楽に輸入するために使われるのは、連邦政府の資金なのだ。私としては、予算委員会の議員たちが、選挙資金めあてで協力しないことを心から願う。

ところで、みなさんはご存知だろうか？　少なくとも（私が確認できた範囲では）一九九二年一一月の時点で、ビルとヒラリーのクリントン夫妻の純資産のうち、およそ一五％はウォルマートの株式から生まれたものと推定され、ヒラリー・クリントンは八年間、ウォルマートの役員を務めたことを。そう、この巨大小売業者は有力者にコネがあるのだ。私たちは前大統領夫妻を、ファースト・ファミリーならぬファースト・サミリーとでも呼ぶべきではなかったのか。

手口その7
子供用ハジキ

　ここ数年、厄介な事件が二、三件起きたため、ウォルマートとしても、欲しがる人だれにでも拳銃を売るのはあきらめざるを得なくなった。一九九二年、ジョージ・ロットがフォートワースのウォルマートで買った拳銃をタラント郡法廷で乱射し、二人の弁護士を殺害した。ロットはウォルマートの店員に、用紙に記入するようにしか言われなかったため、自分が重罪で起訴されていることは申告しなかった。テキサス南部のある町では、男がウォルマートの拳銃売場に来て、国指定の報告用紙に記入した。この場合は、男は自分が精神障害で治療を受けていることを言わなかった。ウォルマートにとってはそんなことは問題ではなかった。店員はピストルを売ったのだ――そして男は家に帰って、両親を射殺した。

　ウォルマートは、銃に関連する問題でもトラブルに巻き込まれている。弾薬販売に関するウォルマートの店内規則も拳銃と同じようにいい加減だ。アイオワ州でも、ある事件をきっかけに訴訟が起こされた。一〇代の少年がウォルマートに行って、法律で義務づけられている質問を受けることもなく弾薬を買い、家に帰って拳銃自殺したのだ。

手口その8　ウォルマートは悪しき隣人？

巨大な金持ち会社の本当の望みが、もっと大きく、もっと金持ちになることだけだったら、その望みをかなえる過程で、つつましやかで貧しい大勢の人々が傷つくことになるかもしれない。ウォルマートにはあれだけの規模と力があるのだから、人々を傷つけることもできるし、反対に人々を助けることもできる。彼らはふつう、どちらの行動を選ぶだろう？

郡検査官のジェイ・ポーは知っている。彼は「ウォルマートはあまりいい隣人ではありません」と報道陣に語った。ウォルマートの土地が原因で、隣の〔インディアナ州〕ハンティントン高校の裏で起こった排水の問題を、このディスカウントストアが無視したときのことだった。その問題は、ウォルマートの開発業者《デベロッパー》が、店の造園を依頼したことから始まった。造園業者が植林区域を誤ってならしてしまった。そして雨が降り、雨水が隣の学校の塀に染《し》み出して、タイルがひどく傷んでしまった。開発業者は「〔学校の〕タイルの修理は私たちに関係ない」という結論を下した。学校の子供たちの幸福は、ウォルマートにとって重要ではないのだろうか？

最近、ワシントン州で行なわれた宣伝イベントで、ウォルマートの広報マンはまた例の決まり文句を言っている。「ウォルマートはよき隣人でありたいと思っています。これは自信をもって地域社会に断言することができます」。おやまあ、言い訳をしなくてはならないとは、今度は何をしでかしたのだろう？

ウォルマートは、ワシントン州セントラル・キッツアップに、新規店を建設するための一五万平方メートルの土地を確保した。その用地はスティール・クリークの支流に面していた。大雨が降る土地柄だという地元住民の警告にもかかわらず、ウォルマートと開発業者と建設業者は、建設を始めるための整地を進めることにした。

当然のことながら、雨が降って、ならされたばかりの建設予定地の土砂や泥が川に流れ込み、サケやウナギや川床の草の生態系に甚大な被害をもたらした。環境課の職員によると、容易に防ぐことができたこの愚かな破壊から、生物の生息環境が回復するには、何年もかかるだろうということだ。

州の環境局が州史上最高額の罰金（六万四〇〇〇ドル）をウォルマートに科したが、地元住民はそれでも足りないと考えている。「あの会社がなぜこんな危険を冒したのか、その理由をただす必要がある。ひょっとするとウォルマートにとっては、どうでもよいことだったのかもしれない」と地元紙セントラル・キッツアップ・レポーターの社説は述べている。これを書いた記者は、問題の核心をしっかりとつかんでいる。

手口その9　女性と少数派《マイノリティ》に対する卑劣な記録

ここで紹介するのは二つ三つのエピソードだけだが、私のいちばん嫌いな店、ウォルマートの現状が証明されている。

ウォールストリート・ジャーナルによると、ウォルマートの株主会は、女性と少数民族《マイノリティ》の雇用の状況を公表しないことを公式に決めたという。ほかの大企業には、この種の情報を公開する社が多い。ウォルマートの株主は、何を恥じているのだろう？

ジュリー・ディフェンバッハが知っている。彼女はフォートワースのウォルマートで、アクセサリー売場の主任だった。彼女は優秀な従業員であり、彼女の売場が売上一〇〇万ドルを達成したときには褒賞を受けた。ちなみにジュリーは白人である――これだけならとくに興味を引かれないだろうが、彼女が昼食会議で三人の上司から言われた警告を知ったら、気持ちが変わるだろう。「この会社では、黒人の男性と付き合っていると、絶対に昇進できないぞ」

彼女の婚約者のトゥルース・ウィリアムズは黒人だった。そしてジュリーはトゥルースと結婚し、その約一週間後にクビになった。

ジュリーはウォルマートを相手に訴訟を起こし、陪審は会社に一一万九〇〇〇ドルの損害賠償を命じた。それでもウォルマートは、ジュリーが異人種と付き合っていたから解雇されたという嫌疑を否定し、陪審の判決を不服として控訴した（ウォルマートがやきもきしているのを見たいものだ)。

二〇〇〇年初め、ジュリー・ディフェンバッハが、和解条件を公表しないという双方の合意のもとに和解したというれしい知らせを聞いた。ウォルマートがたった四年で賠償金を支払うとは、最短記録かもしれない。

だが私たちとしては、もし運よく、頭が切れて押しの強い弁護士に恵まれれば、原告の孫に孫ができる前に、ウォルマートから小切手を受け取ることができる場合もあるということを、ぜひともみなさんに知っておいてほしかったのだ。

ウォルマートは、黒人女性を差別していないと主張している。だが、ヒューストンの全員女性の陪審は、そうは判断しなかった。一九九七年八月、アンジェラ・ナットに一四〇万ドルの賠償金を与える判決を下した。

一九八八年からウォルマートで働いていた既婚女性、ナットは、優秀な業績評価と正規の昇進を根拠に管理職への昇進を要求した。ひょっとすると彼女は、自分よりずっと年下の男性管理職の下で働くのが嫌になったのかもしれない。

「彼女が一九九三年にようやく、テキサス州テキサスシティの店の自動車用品売場の主任に昇格したとき、管理職やほかの従業員まで、軽蔑的な言葉で彼女を厳しく非難した」とウォールストリート・ジャーナルは伝えている。

「彼女はいやがらせの電話や脅迫も受けました。職場に不快なものをぶら下げられたこともあったんです」と彼女の弁護士、エディー・クレネクは語った。

ナットの話によると、耐えられないほどのストレスが原因で、彼女は二人目の子供を流産し、結婚生活も破綻した。流産後の傷病休暇から戻った二日後、彼女はクビになった。そして同情すべきことに、ナットが自分の話を法廷で陪審に訴えるまでに四年かかったのだ。

ウォルマートは、負けた裁判は必ずそうしてきたように（少なくともそう聞いている）、この件も控訴している。私の推測では、ウォルマートは最終的にほんのわずかな示談金で和解するだろう。本当にスズメの涙ほどの金額だ。いつ？　これもまた私の推測では、今世紀半ばまではウォルマートの弁護士が和解を引き延ばすだろう。


A&Eのサム・ウォルトン伝、彼の本性を暴く

私は、アーツ・アンド・エンタテインメント・ネットワーク（A&E）で定期的に放送される伝記番組の大ファンで、とくに一九九七年一二月の、アーカンソーのディスカウントストアにスポットライトを当てた番組に興味を覚えた。それまでに私はさまざまなことを知っていたにもかかわらず、彼が本当はどんな冷血人間だったかがわかって、身の毛がよだったものだ。

その伝記の冒頭で、彼は「小さな町の商店を事実上お払い箱にした男」だと紹介された。

A&Eによると、彼はウォルマートの店を訪問するとき、自家用飛行機を自分で操縦したがったようだ。町に入るときは、着陸前に低空飛行をするのが好きで、しばしば空港の管制官に、この地域に「あいさつ」は無用だと警告された。この伝記の作者は何回か同乗したことがあり、そういう警告を受けたらどうするのかと訊ねた。「無線を切るだけさ」とサムは答えた。

番組では、サムが初めて大金を儲けたとき、ベントンヴィルの州立銀行の株を半分以上買った話も紹介された。解説によると、彼は可能な限りの最低利率で、自分自身に融資したそうだ。

サムのストックオプションについての計画にも触れられていた。当初の計画では、株式は店長クラスだけに分配されることになっていた。自分がもっともっと金持ちになる手助けをする立場にあるのは、「トップ・ガン」だけだと、サムは考えていた。妻のヘレンは、「第一線で働いている人たち」も全員、利益を得るべきだと主張した。ヘレンのおかげでようやく――ようやく、というところが鍵だ――サムは恥じて、ストック計画を拡大することにした。

そして最後に、番組ではサムがいかに反組合主義だったかも語られた。それは非常に激しい敵意だった。巨大な配送センターの一つで、労働組合を組織するための投票が行なわれそうになったとき、サムは声を荒らげて、君たちのあとがまにすわりたがっている求職者が五〇〇人いるんだぞ、と脅した。その脅迫は功を奏した。

さっさと有り金を出せ

キャシー・リー・ギフォードの件は世間の注目を集め、アメリカ人たちは、安い服の裏側の現実を突きつけられた。それ以来、一日に数セントしかもらえない労働者の汗によって何百万ドルも儲けている企業に対して、ほんの少しプレッシャーがかかるようになった。

一九九九年一月、いくつかの人権団体と労働団体が、カリフォルニア州サンフランシスコ上級裁判所に集団訴訟を提訴した。アメリカ合衆国自治領の西太平洋サイパン島で働く搾取工場労働者の窮状を、何とかするためだった（この「厳密にはアメリカ」という立場のために、この島は、低賃金で「メイド・イン・USA」の製品を作りたいアメリカのメーカーにとって、あこがれの地だったのだ）。告発された企業の中に、ウォルマートの名があった。

その後、九つの企業――ノードストーム、J・クルー、カッター・アンド・バック、ジャンボリーなど――が和解した。この九社は、サイパンの請負業者に対して、職場と生活に関する厳しい条件を満たすことと、違法なスカウト料金（一万ドルに上る）のピンはねを中止することを求めるだろう。

だがウォルマートは、訴えられた企業の中でもとくに強力に守りを固めた。和解を拒否したばかりか、その訴訟を棄却するよう判事に求めたのだ。

一九九九年一一月一二日、ムンター判事は裁定を下した。この訴訟には意義があり、残りの被告は裁判を受けなくてはならない。彼らの行為がカリフォルニア州法に違反していることが明らかになったら、過去の利益から数百万ドルを返金してカリフォルニアの顧客に損害を賠償し、謝罪広告の費用を支払うよう、命令が下されるかもしれない。

違法コピー商品ならおまかせ

まったくの有罪とわかっているときでも、ウォルマートがいかに長期間、裁判で争い続けられるかには驚かされる。

適例——トミー・ヒルフィガー社とウォルマートの裁判は、示談になるまで五年かかり、そのあいだウォルマートは、にせのヒルフィガーの服を売り続け、やめるようにという裁判所の命令を完全に無視し続けた。結局、一九九九年六月半ば、ウォルマートは訴訟を示談にするのに、六四〇億ドルを支払わなくてはならなかった。

ウォールストリート・ジャーナルによると、「ニューヨークの連邦裁判所は、まがいものを売るのを禁じる一九九六年の禁止命令に二度違反したとして、世界最大の小売業者を法廷侮辱罪とした」

この話には皮肉などんでん返しがある。ヒルフィガーの訴訟を示談にするにあたって、ウォルマートは残っている在庫を慈善事業に寄付することに同意した。みな

読者からの手紙

焦土作戦

一九九八年の五月にこの反ウォルマート本の第一版を出したあと、私はこんなことも学んだ。ウォルマートは、起こされた訴訟に勝つためなら、どんな苦労も惜しまないようだ。たとえそれが、高さ三メートルの棚から商品が落ちてきてけがをした（一四四ページ参照）、というような、単純な苦情でも。あのベントンヴィル人たちが、控訴せずに和解することなどあるのだろうか？

カンザス州の弁護士の話を聞いてみよう。

◉ウォルマートはいつか、自社の保険にかかわる経費に目を向け、どうして九八％が請求を棄却するために使われ、けが人の治療に充てられるのは二％なのか、考えなくてはならないでしょう（割合は私の推測です）。最近私が担当したウォルマートとの係争では、一万ドル未満で示談が成立するような請求だったのに、ウォルマートはその請求を無効にするために、二万五〇〇〇ドルの費用を使ったのは確かだと思います。けがを負った人が、あっさりあきらめて降りることを期待して、焦土作戦をとったことは明白です。陪審裁判に訴えて、ウォルマートにさらに二万五〇〇〇ドルを使わせようと私が決意しなかったら、私の依頼人は何も手に入れられなかったでしょう。

力ずく戦術

サウスカロライナ州エディスト島のレストラン、オールド・ポスト・オフィスの共同経営者である友人のフィル・バーディンが、サウスカロライナ州チャールストンのポスト・クーリエから、この興味深い記事を送ってくれた。

◉サウスカロライナ州ユニオンの女性ドナ・T・ハイアットは、万引きの濡れ衣を着せられたが、それを証明するレシートがあると言っている。警察の報告書によると、ハイアットは化粧品とタバコと水着を盗んだ罪で起訴された。ハイアットは滑ってころんでけがをしたと訴えを起こしていたのだが、それを取り下げるよう脅すために、ウォルマートの警備員が彼女を捕まえたのだ、とハイアットの弁護士ハーヴェイ・ブレランドは主張している。

第6章 ウォルマートがアメリカのみならず全世界におよぼす5つの脅威

広い意味で、本書に書かれている事実や逸話はどれも、多くの人々がいまだに神聖不可侵に近いと思っているアメリカという国を、あの巨大小売業者が何らかの方法で締めつけていることを物語っている。

◉目障りな大型店舗が、小さな町のはずれに出現し、町のダウンタウンがゴーストタウンになるとき、

◉かつては歩き回って用事を足し、その途中で近所の知り合いを訪ねていた人々が、ほかの「買い物通勤者」で渋滞する道路を一五キロもドライブするか、さもなければ引っ越さなければならないとき、

◉海外の安い搾取工場製品が「メイド・イン・USA」の垂れ幕の下で売られているとき、ウォルマート社はアメリカを痛めつけているのだ、と言える。

だが、この傾向がウォルマートの独壇場ではないことは認めよう。私たちの地域社会が持っている独自の地方色を、画一された派手なロゴに塗り替えてしまうような大型店舗やファーストフード店やショッピングセンターを展開している、非難されるべき全国チェーンはたくさんある。

だがウォルマートは違う。けた外れに違う。アメリカおよび世界におけるウォルマートの規模とパワーと影響力は、先に挙げたすさまじい変化のさらに先をいっている。

ウォルマートは本当に、自分たちが法律より上位者だと信じているようだ。アーカンソー州ベントンヴィルでは壮大な計画が次々と立案されている。そしてだれであれ、何であれ、その計画を邪魔するものには災いが降りかかる。

「ウォルマートは非常に特殊なタイプの大企業だ」と小売業界分析家《アナリスト》のグローバル・クレジット・サービス社（GCS）は言う。GCSはあのベントンヴィル人たちの圧倒的な影響力を「ウォルマート効果」と呼んでいる。この言葉をタイトルにした報告書のなかで、GCSはその脅威を説明している。注意――経理屋の言葉で書かれていて、非常に読みにくい。けれども深呼吸をして、読み続けてほしい。すべてが重要なことなのだ。〔傍点は筆者〕

◉流通・小売業界のライバルと比較して、不釣合いに大きなウォルマートの規模は、全世界の完成製品消費のマクロ経済に根本的不均衡を現出させている。

◉ウォルマートとほかの〔ウォルマートの〕全ライバル会社との間の膨大な格差は、グラフと表の形にすると、いちばんわかりやすい（信じてもらいたいのだが、GCSのグラフでは、ウォルマートがエベレストで、ほかはすべて丘陵といったところだ）。

◉ウォルマート・ストアの規模があまりに大きいため、消費者の低い貯蓄率が、消費者信用レベルの上昇とあいまって、やがては、多くの小売業者にとって不都合な条件の増加を招くに違いない。ウォルマートの買い物客のほとんどは、一店舗ですべてがそろい、毎日安い値段で生活必需品を買えるウォルマートに行くのをあきらめるくらいなら、ほかの店に行くのをやめるだろう。その結果、ほかの小売業者に問題が起こる。

◉ウォルマートはアメリカ征服を果たした。今や世界のほかの国々を侵略する時であり、多くの小売業者がこの脅威を警戒している。

世界最大の小売店が、アメリカのみならず世界に投げかけている五つの恐ろしい脅威を、これからもっと詳しく説明しよう。

脅威その1
自由市場の粉砕

私が自由市場経済の専門家だとは言わない。資本主義、消費者の選択、製品と価格の競争、「市場に決めさせる」といった言葉を知っているくらいだ。だが「ウォルマート効果」は現実のように思える。アメリカ最大の小売店が、町（あるいは町々）でたった一軒の小売店になりつつある地域が、とても多いのがはっきりわかる。その小売店は、競合するメーカーのブランドを徐々に排除し、その代わりに自分たちの自社《プライベート》ブランドだけを売ろうとしている。ウォルマートの圧倒的なパワーは、アメリカの自由市場を瀕死の危機に追い込んでいる。

ウォルマートは、今や何百という数に上る自社ブランド商品は、「理由はどうあれ、〔国内のほかのメーカーの〕ブランドに忘れ去られていた、空白の価格帯を埋めるために」作ったものだと主張している。ウォルマートの商品開発《マーチャンダイジング》担当副社長ボブ・コノリーが、とっておきの年次報告用語で、そう言ったのだ――すべてはより多くの人々のためだと言いたげな、虫も殺さぬ口調で。

さらに続く彼の説明によると、そういうケチな古いブランドは、「利益率の高い、高級な商品」だけを作ることで、貧しい消費者を見捨ててきたのだという。ウォルマートが救わなくては！ 「私たちは、選ばれた人たちだけでなくて、だれにでも手が届く価格で売りたいのです」。虐げられた民を守るウォルマート！

ウォルマートの自社ブランドが、すべてほかより手ごろなわけではない。たしかにグレート・ヴァリューの製品は、「値の張る」国内ブランドより安く売れるように企画されているが、ウォルマートは、高級な（そして高価な）品ぞろえである「サムズ・アメリカン・チョイス」も強引に店に並べている。

このブランドの商品はすべて、アメリカで育てられた、生産された、あるいは製造されたものだ、とウォルマートが誇らしげに言うのを聞くと、ある疑問がわいてくる。つまり、グレート・ヴァリューの商品は、どこかほかの国で作られたということか？

典型的な事例を挙げよう。一九九九年八月、ウォルマートは自社ブランドの洗濯用洗剤を、〝高級な〟サムズ・アメリカン・チョイスの商品群《ラインナップ》に加えた。その新しい洗剤は、業界トップのブランドであるタイドと明らかに競合する。ウォルマートの最も忠実な味方だったメーカーの一つ、プロテクター・アンド・ギャンブル（P&G）にとって、呆然とするような展開だ。何年も前にウォルマートは、在庫管理と販売データをメーカーと共有することで利益が得られると考え、P&Gと提携した。P&Gは野心家サム・ウォルトンへの忠誠心を示すために、たぶんどのメーカーよりも先に、ベントンヴィルの本社の近くに支社を設けたのだ。

忠誠心などそんなものだ。もっと悪いことに、ウォルマートはタイドのパッケージをまねようとしている。ウォールストリート・ジャーナルは、サムズの洗剤は「タイド〔のパッケージ〕とよく似た背景色の箱や容器に入っている」うえに、「値段は二五パーセントから三〇パーセント安い」と伝えている。

全国的に知られているマーケティング専門家は、こう冷たく言っている。「ウォルマートは実際、P&Gに対して恥ずべきことをしようとしているのだ」

例の年次報告に話を戻そう。コノリー副社長は決定的な言葉を口にしている。「ウォルマートの自社ブランドを拡張することの長期的な利点の一つは、世界に通用する強いブランドができることです」

へー、本当に？　何ともありがたいことに、二〇一〇年になったら、私たちはウォルマートに車を走らせて、ウォルマートの自社ブランドの中から選ぶことになるらしい。ほかのブランドは一つもないのだ。

あのベントンヴィル人たちは、どんな商品分野においても、何としても、その業界のナンバーワン小売店になろうとする。自転車と屋外用電動器具のナンバーワン販売店になるために、ウォルマートがとった無慈悲な戦術については前述した（二〇四ページ参照）。私の会社、クイン・パブリケーションズはかつて、この二つの業界の個人商店向けに、専門の業界新聞を発行していた。どちらの業界でも、ウォルマートごときのために、およそ半分のサービス業者が消えていった。ベントンヴィルのやつらは、今や自転車の販売ナンバーワンである。彼らの要求をすべてのんでいる多くのメーカーのおかげだ。

ウォルマートは現在、オモチャの小売業界でも、文句なしのチャンピオンとしてその名を馳せている。一九九八年、ウォルマートの売上は市場占有率で一七・四パーセントを占め、巨人トイザラス（トイザらス）は一六・八パーセントに落ちた。トイザラス――この会社も圧力という点で決して天使ではないが――は巻き返しを図っているが、時すでに遅しかもしれない。ラバーメイドが、アメリカで最も尊敬されている企業から、「夜通し遠吠えする犬」に転落するのを見るのは悲しい、とフォーチュン誌一九九八年一一月二三日号は伝えている。度重なる経営のミスがなければ、一企業がそれほど信用を失うことはない。だがフォーチュン誌の記事の一行は、何百人というアメリカのCEOの目を引いたはずだ。

ラバーメイドは、高いコストをウォルマートに転嫁しようとしたが、今日、鎖を持っているのはだれで、鎖につながれているのはだれか、手痛い教訓を学んだ。

ウォルマートはネットの世界でも、店舗で使っているのと同じ悪知恵を働かせて、競争を展開している。オンライン書籍販売のブームに目をつけて（新しくオンライン・ストアwww.wal-mart.comを始める準備をしながら）、一九九九年七月、ウォルマートはブックス・A・ミリオンとの戦略的提携を発表した。膨大な本の在庫と注文処理システムを持つアメリカ第三位の書籍小売チェーン、ブックス・A・ミリオンが、非情な市場支配の実績を誇るウォルマートと組むのは、アマゾン・ドットコムや、それに迫るライバルのバーンズ・アンド・ノーブルズやボーダーズにとって、破滅を意味するかもしれない。

天与のさいわい

一九九五年一〇月のニューズウィークに、ウォルマート一族が見つけたと思われる、国の税法の抜け穴に関する記事が掲載された。ちょっと見てみよう。見事なやり方だ。法人所有生命保険（ＣＯＬＩ）と呼ばれる税法の条項は、個人商店のような零細企業を救う目的で作られたものだ。ウォルマートのお偉方は二五万人の従業員にＣＯＬＩをかけている。そして受取人は、従業員の親族ではなく、ウォルマートなのだ――被保険者がすでにウォルマートの従業員でなくなっている場合でも。そしてウォルは、受け取る保険金の国税を払う義務はない。

このたくらみに融資しているのは、ウォルマートに保険を売っているのと同じ保険会社だ。ウォルマートはＣＯＬＩの保険料を払うためのお金を借りていて、その借金の利子を払うためのお金を別に（同じ保険会社から）借りている。いやはやまったく都合がいい。閉じた輪なのだ。ウォルマートが得をし、保険会社も得をする。国にも、保険をかけられた労働者の近親者にも、びた一文入らない。

億万長者の女相続人、一万四〇〇〇ドルの請求書をめぐって訴えられる

この人目を引く見出しは、私の地元の新聞であるフォートワース・スター＝テレグラムの、一九九九年七月二三日版の第一面に載った。この金持ちの中の金持ちである女性

がだれかを知って、どんなに私たちが喜んだか想像がつくだろう。読んでみよう。

「マンハッタンの豪華マンションからテキサスの広大な牧場まで、やっとのことで荷物を運んだ引越し会社は、そのあと、アメリカでも二本の指に入る大金持ちの女性を、法廷に引きずり出した。ユナイテッド・ヴァン・ラインズは、ウォルマートの女相続人アリス・ウォルトンが、一万四〇〇〇ドル余りの引越し費用を支払わないとして、彼女を告訴した」

およそ二〇〇億ドルの資産を持つアリスは、その年の一月、ニューヨークのセントラルパークから一ブロックしか離れていない、マディソン・アヴェニューの角の七九番街東三九番地にあるマンションの、二フロアある一室を手離して引っ越すとき、ユナイテッド・ヴァン・ラインズは彼女の家具に傷をつけたのだと反論している。

アリスが三三〇万ドルの値をつけているそのマンションの一室は、らせん階段があって、どの部屋からも公園を望むことができ、天井までの高さが四・五メートルある。部屋は七つ。面積は二八〇平方メートル近くある。

テキサスの引越し先も立派なものだ。一三〇〇万平方メートルの牧場に建つ母屋は、大聖堂のような高い天井で、南西部産のタイルと大理石が使われており、四一二平方メートルもあって迷子になりそうだ。資産価格は一五〇万ドル以上と言われている。

もしみなさんがウォルマートで買い物をするのなら、アリスのことを考えてほしい。……そして、アリスの（おそらくアンティークの）家具を運ぶときに、つけたかもしれない（あるいは、つけたのは自分たちではないかもしれない）一つ二つの傷のせいで、職を失うかもしれない哀れな引越し屋の従業員のことを。

なぜアリスはテキサスに引っ越したのか？

私たちはアーカンソー州に住む友人に、なぜアリスが「正式な」住まいとしてテキサスを選んだのか、その理由を知っているかと訊ねるメモをつけて、この新聞記事を送った。友人は次のような返事をくれた。

なぜウォルトン家は脱走したのか

アリス・ウォルトンに関する記事を送ってくれてありがとう。

この記事を読んで、州の所得税が原因で、大勢の裕福なアーカンソー人が（ドン・タイソン自身も含めて）、アーカンソー州を出て行ったことを思い出した。

私の理解するところでは、テキサス州には所得税がないので、百万長者（あるいはウォルトン家のみんなのような億万長者）は、自分たちが築いた富の源ともいうべき州には住まないことで、かなりのお金を節約できるのだ。

何と皮肉な話だろう。彼らには何十億ドルの財産があり、どこにでも住めるのに、自分の生まれた州に背を向けるとは。

脅威その2　法律を守るのは庶民だけ

「法律を守るのは庶民だけ！」。レオナ・ヘルムズリーの言葉をもじらせてもらった（ホテルと不動産の大事業家で「金持ち女王」の彼女が、「税金を払うのは庶民だけ」と言ったのを思い出していただけただろうか）。だが、あのベントンヴィル人たちが、自分たちは偉いのだから、うるさいルールや規制にわずらわされる必要はないと思っていることは、繰り返し実証されている。

悲しい事実なのだが、彼らの道理が通ることがあまりに多い。ごくごく些細な顧客や従業員の訴訟にけんか腰で弁護するときも、環境法や商法や労働法の違反を否定するときも、ウォルマートの弁護士は恐ろしい闘士だ。彼らは和解が大嫌いだ。控訴し、上訴する。裁判を何年も長引かせる。

たびたび――それでも十分ではないが――ウォルマートは、大きな政府機関との対決で負ける。そういう数少ない勝者の一人から話を聞くのは、何と心地よいことか。

環境規制の係官は、ウォルマートの強引な建設活動に目をつけた。一九九九年二月、ウォルマートは二万五〇〇〇ドルの罰金を払い、七万五〇〇〇ドルかけてペンシルヴェニア州ホーンズデールのスーパーセンター周辺の環境事業を行なうことに同意した。和解が成立した――そう、和解したのだ！　――この賠償請求は、ペンシルヴェニア州環境保護局が起こしたもので、ウォルマートの下請業者の一社が、スーパーセンターの建設中、近くの川に過度の侵食と堆積を引き起こしたと主張していたのだ。

その建設計画は、アメリカ陸軍工兵隊の怒りも買った。彼らはその計画が、許可されているより多くの湿地帯に食い込んでいると主張した。ウォルマートは示談交渉中で、地元の湿地保全区域と地役権を買うための費用二〇万ドルを、非営利団体に支払うことになるだろう。

一九九九年八月二三日、連邦航空局（ＦＡＡ）は、危険物規制に違反したとして、ウォルマートに五万ドルの罰金を科した。適切な梱包をせずに危険物を荷送し、不適切なラベルを張ったという主張だった。ウォルマートがその申し立てに応じるのに、三〇日の猶予があった。

ＦＡＡは、消火用の乾燥化学薬品の入った積荷を、オレゴン州ハーミストンからインディアナ州シーモアまで、エアボーン・フライト社の便で運ぶという、ウォルマートの申請が不適切だったと主張している。消火器の梱包も適切ではなかったし、運輸省が求めているとおりの荷札も張られていなかった、とＦＡＡの広報ウーマン、エリザベス・イシャム・コリーは伝えた。

仕分け施設の従業員は、容器の外側の染みに気づいていた。消火器の一つのピンがはずれていて、危険な薬品が五〇〇グラムほどこぼれ出していたのだ。

一九九六年五月に、ヴァリュー・ジェットの航空機がエヴァーグレーズで墜落して、一一〇名が亡くなる事故があってから、ＦＡＡは危険物検査官の数を増やしていた。その墜落事故は、過って空《から》を示す荷札が張られていた酸素発生器が、機内で火災を引き起こしたために起こったのだ。規則違反がそのような悲劇を引き起こしたことが明るみになったすぐあとに、国の規則を無視できると考えるとは、まったくウォルマートのすることは信じられない。

私たちの知る限り、ウォルマートが犯した最大の環境破壊は、三つの州にまたがる水質汚染で、罰金は五六〇万ドルに達する。アメリカ環境保護局（ＥＰＡ）は、一九九二年に定められたテキサス州、ニューメキシコ州、オクラホマ州の土地開発のための雨水処理条例に違反したかどで、ウォルマートとその請負業者を告訴したいと考えている。

「五六〇万ドルという最高額の罰金は、この地域におけるＥＰＡのほかの強制措置に比べると〝非常に高額〟です」とＥＰＡのスポークスマン、デーヴ・バリーは語った。

最高額の罰金を科すということは、ウォルマートとその請負業者の罪が、何十キロ四方の土地と数え切れないほどの小川への九種類に上る汚染より、もっと重いことを示しているのだ。

ウォルマートの広報マンは、まじめくさった顔で言った。「ウォルマートがＥＰＡに名前を挙げられたのは初めてです」

だれかをうそつき呼ばわりしたくはないが、私たちの記憶では、ウォルマートは二、三年前にワシントン州でも似たような雨水処理違反で捕まり、何千何万匹というサケその他の魚を殺した河川の汚染に対して、莫大な罰金を払ったはずだ。インターネットでＥＰＡの記録をちょっと検索すれば、一九九六年一二月にウォルマートに対して出された行政命令（詳細は示されていない）と、一九九七年の「行政制裁金査定の発議と意見を述べる機会についての通達」が閲覧できる。

ＥＰＡは、ウォルマートとテキサス州ベッドフォードのクレイグ・ジェネラル・コントラクターズ社に対して、雨水汚染防止計画（SWPPP）を完全に実行しなかったことと、建設用地の管理で汚染物質排出防止システム（NPDES）に違反していたことに、一二万五〇〇〇ドルの行政制裁金を科すことを発議している。

脅威その3　スーパーセンター新設・合併

本書の第一版で私たちは、ウォルマートの新しい大型店舗、スーパーセンターについての警告を発した。古いスタイルのウォルマートにあるすべての品ぞろえだけでなく、スーパーマーケット、自動車のサービス工場、銀行の支店、靴の修理店、ビデオレンタル店、薬局、レストラン（マクドナルドのような）など、典型的な町の小さな店が商っているもので、当初からあったウォルマートが以前には廃業に追い込まなかった業種も、ほぼすべて取りそろえた巨大店舗だ。

しかも、ウォルマートがスーパーセンターを出店するときは、「新設・合併」を行なうことが多い。計画的に、近くにもともとあったウォルマートを一店、二店、あるいは三店を閉めるのだ。そのため、そこで買い物をしていた客は、〝もっと素敵で大きくてピカピカの新しい〟ウォルマート・スーパーセンターまで、さらに長い道のりをドライブしなくてはならなくなる。

スーパーセンターの侵略はもちろん続いているが、今ではさらに新設・合併が強化されている。ウォルマートがスタートしたアメリカ南部と中西部を中心とする地域では市場が飽和状態に達したところが多いため、既存店の売上の伸びは落ちつつある。競争相手の多くを踏みつぶし、ウォルマートの市場占有率は最高点に達した。ただしそれは、典型的なウォルマートが売っている商品やサービスについてのことだ。

店を閉めて、客をもっと遠くのスーパーセンターまで走らせる（ウォルマートにとっては複数の店を経営するより安上がり）、というのが一つの解決策だ。都市の郊外や、全国の抵抗している地域に、「ネイバーフッド・マーケット」で入り込む、というのも一つだ。後者については、「脅威その4」を読んでいただきたい。

「移転」の事例研究――テキサス州ハーン

私がウォルマートについて厳しいことを言っているとお考えなら、テキサス州ハーンの人々がサム・ウォルトンの同族会社についてどう考えているかを聞いてほしい。

一九八〇年ころ、ウォルマートがハーンの町はずれに出店した。その時から、一つ、また一つと、商店街の主要な店はほぼすべて閉じていき、ウォルマートが町の商売の中心になった。町の商売の半分を手にしたのだから、ハーンのウォルマートは繁盛し、永遠にそこにあるものと考えられた。

だが、とんでもない。テキサスの経済後退とともに、ハーンのウォルマートの従業員は一一五人から九〇人に減った。

そして、ハーンの町は不意打ちを食らった。一九九〇年、アーカンソー州ベントンヴィルを本拠地とするこのディスカウントストアは、店をたたむと発表したのだ。ハーンで営業していた一〇年間ずっと、その店は赤字を出してきたからだという説明だったが、それはまったくのナンセンスに違いない。もちろん実際は、ウォルマートは近くの市にもっとずっと大きな店を開店し、売上規模の小さい店は閉めることにしたのだ。

ウォルマートはハーンに地獄に落ちろと言ったようなものだ。

ハーンの住民の気持ちを聞いてみよう。

◉薬局の店主アーチャー・ホイトは、苦々しい思いだった。「やつ（ウォルトン）は現われたとき、『私はアメリカの小さな町の味方で、大都市のメリットをいくつかこの町に差し上げようと思います』などと言い訳していた。この郡のいちばんいいところを手に入れたら、プイといなくなってしまうんだ」

◉ハーン商工会議所の代表デーヴ・カニンガムは、ハーンで営業していた一〇年間、店は赤字だったというウォルマートの主張は疑わしいと思った。ウォルマートの閉店で、ハーンの地域社会は汚名を着せられた、とカニンガムは感じた。もしウォルマートが一年で店をたたんでいたら「町には活気ある商店街が残っていた」と彼は言っている。

◉三〇年前に父親が開いた店を経営しているバート・ロックハートは言った。「彼らは不意に町にやって来て、商売をすべて吸い上げて、すべての商店がなくなるやいなや、荷物をまとめて出て行く」

◉三二歳の女性販売員キャシー・ジャクソンは、自分と父親の生活のために、週三〇時間まで働いていたという。キャシーの賃金は最低限で、手当はまったくなかった。「本当に〔ウォルマートを辞めるか〕決心がついていないんです。まだ現実感がなくて」

◉弁護士秘書でウォルマートの客であるドーン・ヒンツェルは言った。「一〇年前にハーンにやって来て、店を開いて、ほかの商店をすべて追い出して、そしたら今度はくるりと向きを変えて、私たちに罪をなすりつけて去ってしまうなんて、すごく頭にきます」

ウォルマートが荷物をまとめて出て行ってから、町はどうなったのだろう?

祖父の代から続く薬局を父親から受け継いだ、薬剤師のアーチャー・ホイトに話を聞いた。アーチャーは店を大きくして、申し分なく成功していた——ウォルマートがハーンの店舗に処方箋薬局を開くまでは。

アーチャーはあらゆる商品の価格を下げて応戦したが、利益は縮小し、ほとんど残らなかった。そこでアーチャーは、ウォルマートにはできない配達サービスを大々的に宣伝し、なじみの客には三〇日間つけ《ヽヽ》がきくようにした。ようやくアーチャーは、失った売上の三分の一を取り戻したが、それ以上は回復しなかった。やがて彼は店をたたまざるを得なくなり、今ではテキサスを本拠地とする、あるスーパーマーケット・チェーン内の薬局で働いている。

おそらくアーチャーは、ハーンの他の小売商よりはましだっただろう。商店街には、シャッターが降ろされたままの店が多い――そして、そのままの状態が続きそうだ。ウォルマートがなければ、親の店を継いでいたかもしれない若者たちは大都市に移ってしまった。いずれにしろ、町の住民の大半が近くのカレッジ・ステーションにできた新しいウォルマート・スーパーセンターまで車を走らせているときに、だれがハーンに店を開きたいだろう？

アーチャーは嘆いている。「信じられないかもしれないが、今では、白いシャツ一枚どころか下着の一つも、この町では買えない。昔は繁盛している洋品店がいくつかあったのに」

ハーンの話の要点はこうだ。一〇年のあいだに町の小売店の多くが消えてしまったため、町でさまざまな日用必需品を手に入れられるのは、ウォルマートだけになった。ウォルマートは、いわばハーンに障害を負わせたあげく、その松葉杖までを蹴り飛ばしたようなものだ。

スーパーセンターは小さな町から搾り取る

店舗面積当たりの売上を増やすために、一つの店で提供する商品やサービスを増やすと、その店（ウォルマート・スーパーセンター）で客が支払う金額が増える。スーパーセンターは、標準的なウォルマート・ストアよりも効率がよい。つまり、客の財布に入っているお金は、ウォルマート・スーパーセンターを出るときのほうが、標準的なウォルマートの店を出るときより少ないのだ。なぜなら客は、食料品の買い物、預金、処方薬や眼鏡の購入、車の整備《メンテナンス》など、さまざまな用事をそのスーパーセンターですませるからだ。

ウォルマートにとってこんなことは〝朝飯前〟だ。だが、アメリカの小さな町に住む哀れな人々の眼前にどんな風景が広がることになるのか、想像してみてほしい。およそ二五キロごとに巨大なピカピカの何でもそろうウォルマートがあって、そのあいだには何も、何一つ、まったくない。近くに競合店がなかったら、競争価格はどうなってしまうのだろう？　この悪夢は極論だとしても、それでもウォルマートのいちばんの夢なのだ。そう考えていい。

脅威その4　まずはスーパーセンター、次はネイバーフッド・マーケット

大型店を閉めて、客にもっと遠くのスーパーセンターまでドライブさせるのは、田園地帯を荒廃させた脅威の戦略だ。都市の郊外や全国の抵抗している地域に「ネイバーフッド・マーケット」で乗り込む、という戦略もある。

二〇〇〇年一月三一日の時点で、スーパーセンターはアメリカに七二一――準備中が一六五以上――海外に三八三あった。そして次に来たのが、おそろしく巧妙な新しいアプローチ、ウォルマート・「ネイバーフッド・マーケット《ご近所商売》」だ。

なんだか感じよさそうだけど違うの？　だったら何なの？　なるほど、まるで個人経営のマーケットのように聞こえる――だが筋肉増強剤《ステロイド》を服用しているのだ。たしかに個人商店《パパママストア》のよ

うに、この新しい「小さな」ウォルマートの店は主に食料品を扱っており、三分の一は一般的なディスカウント商品の売場で、さらにドライブスルーの薬局がある。だが「小さい」というのは比較の問題で、ネイバーフッド・マーケットの平均的な面積は三七〇〇平方メートルあり、サッカーの競技場が入る広さだ。

この「ミニ・ウォルマート」の裏には、どういう戦略があるのか？　一九九九年の年次報告で、当時CEOだったデーヴィッド・グラスはこう語った。「ウォルマートの店が、客にとって身近に感じられない、あるいはちょっとした買い物には不便だ、というだけの理由で、われわれが手にしていないビジネスがあるかもしれません。そう考えるからこそ、小さな食料品店兼薬局という店舗形態にチャンスがあるかもしれないと思うのです」

この新しく計画されたネイバーフッド・マーケットは、巨大なスーパーセンターの「わずか」半分、あるいは四分の一の大きさなので、「レーダーをかいくぐって」、警戒心のない町に――あるいは猛烈な反ウォルマートの町にも、こっそり忍び込む可能性が高い。アル・ノーマンのウェブサイトには、テキサス州プラノの住民が、一万五〇〇〇平方メートルのスーパーセンター計画を撃退したのに、ウォルマートが四八三〇平方メートルのネイバーフッド・マーケットを引っさげて戻ってきた経緯が書かれている。長い闘争に疲れ果てたプラノの住民は不意を打たれ、新しい脅威を払いのけられるほど迅速に組織を再結成することはできないかもしれない。

ネイバーフッド・マーケットは、ウォルマートのいちばん新しい「仕入・販売実験室《マーチャンダイジング》」だ。そして、ウォルマートが客のほしがるものを探ってそれを供給しようとしていることを、非難できるのはだれだろうか？　そう、まず第一に、全国に点在する数多くの正真正銘の「ご近所商売」の店主だ。彼らは今でも地域の人々の役に立っているが、ウォルマート兵器工場が放つ最新の兵器によって、廃業に追い込まれるだろう。

ウォルをこっそり観察すると

ウォールストリート・ジャーナルによると、「ウォルマートの（年次）総会が目立つのは、そこでのぜいたくが、全米の店舗の室温調節（サーモスタット）を本社で設定している会社のケチ文化とは、相反するからでもある。……その会議は、あまり有益ではなく、やけに感傷的であることもしばしばだ。ウォルトン氏の死後行なわれた会議では、一人の従業員がステージに立ち、天国のウォルトン氏と話をするふりをした。彼は、サム氏がみんなに『ゴッド・ブレス・アメリカ』を歌ってほしがっている、と言った。そして全員が歌った」

脅威その5
世界侵略

◉アメリカの人口は世界人口のわずか四・五パーセントだ。したがって、世界の大半の人々が潜在顧客と考えられる。——ウォルマート・インターナショナル社長兼CEO、ボブ・L・

マーティン

◉みんなの故郷の店。――一九九九年ウォルマート年次報告より

◉世界中にいる、ウォルマートで買い物をする機会のない人々のことを、ちょっと考えてみてほしい。――ウォルマート・インターナショナル社長兼CEO、デーヴィッド・グラス。「一九九九年ウォルマート年次報告書」裏表紙より（「世界にチャンス、そしてウォルマートの大きな笑顔が黄色い大地に広がる」という見出しに続く）

世界制覇へのウォルマートの野心は、本書の第一版で警告を発したころにはまだ初期段階だったが、その後現実的な――そしてじつに恐ろしい――様相になってきた。ウォルマートの一九九九年度と二〇〇〇年度の年次報告書を手に入れたのだが、それを読んで血が凍るような思いをした（ウォルマートの年次報告書を読んだことがあるだろうか？　おっそろしい代物だ。これを書いている人たちは本当に自分に自信があるのか、それとも、イギリスのことでも何でも、ずっと目をつぶって考えているだけなのか？）。

ウォルマートは楽しげに、アメリカと世界に何が起ころうとしているかを披露している――ベントンヴィルによる福音書だ。一九九九年度と二〇〇〇年度の年次報告書の、特別に「国際部門」と題された部分に注目しよう。

できたばかりの国際部門が最初に利益を出したのは、一九九七年度のことだった。当時のＣＥＯデーヴィッド・グラスは、ウォルマートの海外売上の伸びを、ことによると五年以内に、会社の総売上の一〇％を占めるようになるかもしれない、と予測した。

そこで、二年後の状況を見てみよう。二〇〇〇年度には、海外売上はウォルマートの総売上一六五〇億ドルの一三％を超えた。海外売上だけを見ると、一九九九年度に売上は六三％の伸びを示し、利益は一一〇％増えた。

ウォルマートは今や、カナダ最大の小売業者だ（ディスカウントストア・百貨店市場の三五％を占めている）。そしてメキシコ最大の小売業者でもある。

一九九九年に、ウォルマートの海外店舗数は三〇〇から七一五に増えた。二〇〇〇年度の年次報告書には、「国際的発展の年」という見出しのもとに、海外店舗数は一〇〇四に更新されたと発表されている。数字を押し上げたのはおもに、ドイツのチェーン店ヴェルトカウフ（二一店）とインタースパー（七四店の「ハイパーマーケット」）、そして二九九店を誇るイギリスの小売チェーン「ＡＳＤＡ」の買収だった。

ＡＳＤＡは何年も、進んでウォルマート「文化」をまねていたことがわかった。入り口でにこやかに迎える店員、「いつも、いつまでも、安いお値段で」のうたい文句、従業員につける聞こえのいい呼び名（「仕事仲間《アソシエイツ》」ではなく全員が「同僚《カリーグ》」）、そして黄色いスマイルマークまでも。だがそれなら、ＡＳＤＡの得意技は、他社のアイデアとやり方を「恥ずかしげもなく借りる」ことだ。

「気味が悪いほど商売のやり方が似ている」と、ASDAのCEOであり、ウォルマートのイギリス本部の部長であるアラン・レイトンは熱く語っている。

気味が悪い？　レイトンさん、まったく同感ですよ。

イギリスの報道機関はASDAの買収をこぞって伝えたが、その報道の大半は、ウォルマートがイギリス諸島にとっていかに大きな財産になるかを語る、ウォルマートのプレスリリースに書かれた戯言《ざれごと》をそのまま引き写して印刷しただけのような代物だった。一九九九年六月二〇日日曜日のロンドン・ファイナンシャル・メール紙には、「ウォルマートのファンはアメリカにたくさんいる。なにしろ最近の主要な調査でウォルマートは、地域社会への貢献によって、アメリカのナンバーワン企業市民に選ばれたのだから」と感激の言葉が載せられた。

この賞の出所はいまだに突き止められていない。たしかにフォーチュン誌がウォルマートを「最も尊敬される企業一〇社」の第五位につけている。どうやって選んでいるのかって？　フォーチュンは、クラーク・マーティア・アンド・バートロメオ（CM&B）が持っている、一万人の経営幹部、重役、そして証券アナリストの名簿を使っている。こういう人たちが、世界最大の小売業者にこびへつらう理由はわかる。だがウォルマートは、フォーチュンの「働きやすい企業ベスト一〇〇」には入っていない。こちらの結果は、三分の二が従業員への調査、三分の一が企業の主張にもとづいている。

ASDAに話を戻そう。ウォルマートが買収するまで、このチェーンはイギリス第三位の小売業者だった。その後、ASDAは「マーケットシェアを獲得するための挑戦」として徹底した値下げ戦略を続けている。私たちとしては、イギリスのほかの小売業者が、大西洋の向こうから送られてくる反ウォルマート主義者たちの必死の警告に、目も耳もよく開いてくれることを祈るしかない。

二〇〇〇年度年次報告書を読みさえすれば、次のようなアラン・レイトンの言葉にひそむ危険に気づくだろう。

◉競合他社のなかには、「この逆境もまた、いつか通り過ぎる」といった態度をとっているところもあるが、彼らはおそらく生き残らないだろう。

小火器ならおまかせ

ウォルマートは、一九九三年に店での拳銃販売をやめたとき、大々的にそれを宣伝した。しかし、その半分いんちきの発表では語られなかったことがある。じつは、店内に置いてあるカタログで買うことができるのだ。

ウォルマートが現在、小火器の販売についてどういう立場を取っているのか知りたい人なら、だれかが送ってくれた一九九九年のウォールストリート・ジャーナルの切り抜きに、関心を抱くだろう。

大半の企業分析家《アナリスト》は、およそ二八九〇店舗の広範なネットワークを持つウォルマートが、世界最大の小火器販売業者だと考えている。ウォルマートの店舗のうち、拳銃を販売していないのは四〇店に過ぎない。

絶対に身の毛がよだつ話

ウォルマートの話には、あまりにも恐ろしくて吐き気がするようなものもある。

想像してみてほしい。裁判所の禁止命令が出されている男が、店に——どこの店でもいい——行って、何ひとつ質問されることもなくショットガンを買う。……そして家に帰り、自分の二歳と五歳の娘の母親である二二歳の妻と、彼女の弟を殺す。

さらに、もっと胸がむかつくことに、この事件が起こったのは一九九八年であり、あの世界最大の小火器販売店が、カウンターで小型拳銃《サタデーナイト・スペシャル》を売るのをやめた、一年ほどあとのことだったのだ（思い出してほしい。ウォルマートではいまだに通販でピストルが買える）。

この男は刑務所で終身刑に服している。若い母親の家族はもちろん訴えを起こし、ウォルマートはその二人の遺児に一六〇〇万ドルを支払うよう命じられた。もしウォルマートが控訴したら、ベントンヴィルのやつらが言い逃れをしているあいだ、アラバマの裁判所がその賠償金を一年ごとに三倍にしてくれることを期待したい。

WAL★MART
AMMUNITION
DEPARTMENT
AMMO

第7章 あなたにもできることがある

ウォルトン家を一〇〇〇億ドルの資産家にするために、ウォルマートとウォルトン一族がやってきた、人々に対する見下げ果てた行為についてたっぷり話をしてきた。一〇〇〇億ドルとは、おおかたの第三世界の国々のＧＤＰ（国内総生産）よりも多額だ。アメリカ政府が四分の三世紀以上も前に独占企業と見なしたスタンダード・オイルを相続した、ロックフェラー一族の純資産よりも多い。

今日のウォルマートは独占企業だろうか？　その購買力、陰険なマーケティング、繁栄の地盤である地域社会の発展のために相応の負担を払わない無神経さによって、ウォルマートがアメリカの小さな町の消費者の財布を独占しているのは間違いない。だが独占企業だろうか？「ウォルマート２０００」という報告書で、小売業界分析会社《アナリスト》のグローバル・クレジット・サービス（GCS）は、次のような見解を述べている。

◉ウォルマートが第二のマイクロソフトだとは考えないほうがいい。なぜなら、ウォルマートは決して独占企業ではないからだ。ウォルマートは二〇世紀の小売業界において、何十年も前のシアーズとローバック以来の、最も驚くべき発展をとげただけであり、……二一世紀には……小売の世界のあらゆる驚異のなかでもけた外れの企業になっている。

この報告書には、ウォルマートはたしかに巨大だが、それでも競合他社がいることが説明されている。おもなところは、シアーズ、JCペニー、ホーム・デポ、Kマート、ターゲットの「ビッグ5」だ。輝く鎧を身にまとった騎士とはいえないが、たしかに、競争相手ではある。

GCSは、過去四年間のビッグ5の売上を合計し、ウォルマートのそれと比較している。

◉一九九六年から九九年までの売上合計

ビッグ5（総計）　六三〇五億八四〇〇万ドル

ウォルマート（単独）　五二五四億六四〇〇万ドル

GCSの推定によると、二〇〇〇年末にはウォルマートの売上は、ビッグ5の売上総計と楽に肩を並べるに違いない。いや、事態はもっと悪くなるかもしれない。

◉一九九六年から九九年の売上増加率
ビッグ5（総計）　三四パーセント
ウォルマート（単独）　五七パーセント

この予想にはひどく気がめいる。だが手を挙げて降参する前に、ウォルマートはまだアメリカの大都市を征服していないことを思い出してほしい。大都市では選択肢が非常に多く、さすがのウォルマートでも急襲をかけて狙い撃つには競争が激しすぎるのだ。セーフウェイ、アルバートソンズ、クローガーなどの――労働者が組合を作っている――食料品専門チェーン店がいまだに地盤を保っているのも、そういう都市中心部なのだ。

彼らは、生死を懸けた闘いであることを認識している。アメリカの都市部に店がなくとも、ウォルマートとサムズ・クラブを合わせると、すでに世界最大のスーパーマーケット企業だ。「ネイバーフッド《ご近所商売》・マーケットの実験」は、ウォルマートが都市部の砦に侵入するための強力なくさびなのだ。しかし、第3章で紹介した組合の勝利から判断すると、食料品のチェーン店はウォルマートに対して地歩を守るチャンスがある（もし流れが変わらなければ）。

あなたも闘いに加わることができる。サムとその会社と競合する小売店であれ、彼らにものを売っている納入業者《サプライヤー》であれ、公正な待遇を受けるために苦労している「アソシエイツ」であれ、ウォルマートが町に出現することを心配している市民であれ、自分の利益と地域の繁栄を求める消費者であれ、これから示す情報を活用すれば、ウォルマートとの関係において満足のいく闘いができるだろう。

まずは最初に、だれでもが実行できる一般的なアプローチを五つ紹介し、そのあと、小売業者、納入業者、市民と開発計画局、そして消費者、それぞれに試してもらいたい具体的な戦術を解説する。

ウォルマートを町から締め出しておくことはできるか？

ここ二、三年ウォルマートは、大都市中心部の周囲にあり、大都市の一部になっているような小都市に進出し始めている。そこには、ウォルマートをわざわざ追い返そうとする人はほとんどいない。なぜならそういう市は、ウォルマートによって兄貴分の都市から自分たちの懐に行き先が変わる、一％の売上税が欲しいからだ。

だが今やウォルトン一族は、一万八〇〇〇平方メートルもある巨大なスーパーセンターを大都市に出店させたがっている。それも一つの都市に一店ではない。複数の場所で、食料品のチェーン店（どんな欠点があっても、ウォルトン一族よりははるかに善良な市民）から、食品販売ビジネスを吸い上げるつもりだ。

やつらの侵入を防ぐにはどうしたらよいか？

まずいちばん重要なのは法的手続きであり、地方自治体との仕事に精通した弁護士が必要だ。

私たちの知るところでは、都市の用途地域《ゾーニング》計画委員会は、都市の大黒柱である個人経営の事業主にとって死の商人ともいうべきウォルマートが、飛び越えなくてはならない高いハードルを設けることができる。

ウォルマート撃退に成功した町の一例として、一九八〇年冬季オリンピックが開催されたニューヨーク州レークプラシッドが挙げられる。ウォルマートを締め出すために、町とアディロンダック公園事務所が支払ったお金は七万ドルにも満たなかった。地元紙レークプラシッド・ニュースによると、ウォルマートの弁護士トム・ヴルセウィッチは「ウォルマートはレークプラシッド・プロジェクトに五〇〇万ドル以上をつぎ込んでいる」と言っている。すばらしい勝利だ——たとえ町が、五年間続いた闘いのために、予算を上回る出費をしたにしても。

もしあなたの町や市が、新しいウォルマート、あるいは何でもそろうスーパーセンターの脅威にさらされているのなら、レークプラシッド・ニュース紙に手紙を書こう。あなたの町の反ウォルマートの議会に戦闘計画を教示してもらうには、だれに接触したらいいか聞いてみるのだ。詳しいことは、「市民と開発計画局」へのアドバイスの項を読んでいただきたい。

悪夢の隣家

K・M・ファウラーとその妻は、数年前に引退し、世界でいちばん気に入っている町——ジョージア州ダブリンに新しく開発された住宅地に、夢のマイホームを建てた。だがウォルマートのおかげで、彼らの夢は悪夢と化した。

ファウラー夫妻が引っ越してきたあとすぐ、ファウラー家の裏庭と隣り合った土地に店舗を建設する契約が、ウォルマートとリース会社のあいだで取り交わされた。リース会社への最初の注文は、「彼らの土地とこちらの分譲地との境にある、古い樫の木の並木を、ブルドーザーで取り払うことだった。しかもその並木は、土地の境界線の向こう（ウォルマート）側にあったわけではない」とファウラー氏は言う。

分譲地の住民が抗議したので、リース会社は金網のフェンスを立てた。

ファウラー氏の話では、一九九五年四月一一日、強い風が「フェンスを柱から吹き飛ばした。そのあと、大量のゴミがウォルマートの土地から私たちの区域に飛んでくるようになった。見知らぬ人が裏庭にぶらりと入ってくるし、ウォルマートの客が、連れが買い物をしているあいだ、犬を連れて私たちの菜園を散歩していた。ウォルマートはフェンスの修理を断ってきた。その土地は店を建設する契約を交わしたリース会社のものだから、と言って」

ファウラー氏は、ウォルマートの（当時の）社長にまで抗議した。だがいまだに反応はない。

一年後、家の所有者の会が、修理費用一八〇〇ドルを出すことに決まった。

ファウラー氏はこう指摘する。「店が建てられている土地を、実際はウォルマート社が所有していないケースが多いのも問題だ。ウォルマートは、新しいショッピングセンターの中心店になる契約を、リース会社と結ぶ。そうやって、周囲の地域社会に対する責任と義務をうまく逃れるのだ。ほかの都市の議会は、自分たちの市に新しいウォルマートの店ができることの賛否を議論するとき、この狡猾なビジネス戦法を頭に入れておいてほしい」

二四時間営業のウォルマートが隣にある恐怖は、まだまだ続く。二〇〇〇年三月、ファウラー氏が真夜中過ぎに眠りにつこうとしていた矢先、「ものすごく大きな妙な音」が、ウォルマートの駐車場から聞こえてきた。午前一時になっても眠れず、彼は起きて着替え、何が起きているのか調べるために車を走らせた。

信じられないことに、夜中のそんな時間に、作業員たちが巨大な空気ハンマーを使って、店の入口のコンクリートを壊していたのだ。そのうちの一人がファウラー氏に、作業はその夜のうちに終わると言って、去っていった。

ファウラー氏は店の中に入り、勤務中の店長を見つけたが、彼は自分にはどうしようもないと言った。なぜこんなうるさい作業を、真夜中にやるスケジュールを立てたのだろう？　ウォルマートとしては、店がもっと混んでいる時間帯に、客に不便をかけたくなかったのだ。

家に戻ったファウラー氏は、二〇分後にその音がやんだのでほっとした。だがそのうるさい作業は、次の夜も続けられた。

ファウラー氏は言う。「真夜中というのはとても静かな時間なので、空気ハンマーの音は、自分の家のすぐ外でしているように聞こえる」

ファウラー氏の息子が作った、写真入りのウェブページ www.seanet.com/「fowler/walmart.htm を見てみてほしい。そしてすぐに、ファウラー氏の話を市議会に知らせてほしい。

地元の新聞に投稿する

地元の新聞や銀行は、ウォルマートが小さな町を破滅に追い込む手助けをしているだろうか？　この質問には条件つきながらも「はい」と答えなくてはならない（ただし彼らは、ウォルマートの巨大な手があなたの町に伸びないようにするための、賢い方法を提案してくれるかもしれない）。

まず小さな町の新聞のことを話そう。何年も前、ウォルマートは地方紙に広告を出していた。あとでその見返りに、特権を要求できるとわかってのことだ。

◉サム本人が店の視察に立ち寄る場合、第一面に記事を載せる。

◉ウォルマートの店が、地元の高校の卒業生に一〇〇〇ドルの奨学金を支給したら、第一面で扱う。

◉新しい店長が赴任したら、写真と記事を載せる。
◉従業員が表彰されたら、写真と記事を載せる。

そのほかにもいろいろある。イメージはおわかりだろう。

その後、地元紙に対するウォルマートの広告出稿はすべて打ち切られる。ベントンヴィルの本社が、広告活動は一カ月に一回郵送する特売品のチラシだけにするよう指示するのだ。だがウォルマートの店長は、パブリシティを求めて新聞社への電話を続ける。そういうとき編集長は、どこに行くべきかを店長に教えてやるべきだったのだ。だがそうする編集長はほとんどいなかった。

今日、新聞社が赤字を出さずにやっていくためには定期購読料が絶対に必要なので、編集長がウォルマートにたてつく社説を論じることはなさそうだ。定期購読を中止されるのを恐れてのことだ。実際に読者は、ちょっとでも挑発的なことが書かれているとキャンセルする。

だが新聞は、あなたの反ウォルマートの投稿なら掲載するだろう。ウォルマートに廃業に追い込まれた商店主はみんな、どんなことであれウォルマートが気に入らないことをしたら、いつでもそのたびに投書すべきだ。たとえば、地元の公共病院の経営を経済的に援助しない、学校の鼓笛隊のユニフォーム、あるいは野球やバスケットボールのユニフォームの費用を出し合うのに協力しない、地元の商工会議所の事業に寄付金を出さない、といったことを。

きっと地元紙の編集長は、その投書を掲載するだろう。自分の町のために。そして、出店の際にほんの二、三回広告を出して罠にかけ、その後援助を打ち切ったやつらに仕返しをして、自分が幸せになるために。

ぜひ投書しよう！


やめて！　ＲＶはだめ！


うるさいうえにゴミをまきちらす客のいるウォルマートのすぐ近所に家を持っている人たちは、ウォルマートの門戸開放の方針に武器を取って立ち上がりそうだ。ウォルマートは、一回につき三日まで、ＲＶ車が敷地内に駐車するのを許可しているのだ。

どういうこと？　そう、信じられないかもしれないが、釣り道具やみやげ物など休暇用の用品や道具を買ってくれるので、ウォルマートはＲＶのキャンパーを歓迎しているのだ。

ウォルマートは、各店舗の住所と位置が載っている特製の地図を、キャンパーたちに売りたいとも考えている。

メイン州バーハーバーでは、海辺に一晩一五ドルから五〇ドルのキャンプ地を二カ所持っているパティー・スタンレーが、実際に武器を取って立ち上がっている。一九九九年のウォールストリート・ジャーナルによると、彼女は地元の政治家――および商工会議所――に、市内ではＲＶの駐車を禁止するよう、強く求めている。

「ウォルマートが町の一部を駐車場のために舗装しただけでも、十分に悪影響がありました」と彼女は言い、「あの人たちは私たちから商売を奪ったんです」と付け加えている。

これは、ウォルマートの店にたたられている人々にとって、対岸の火事だろうか？ とんでもない。アラスカ州アンカレッジでは、一晩に九〇人ものキャンパーがいた。

クリスマス前夜のこと

私たちはときどき、ウォルマートはこれ以上悪いことを、だれかにすることはできないだろう、と考える。そう考えたあと、このフォートワース・スター・テレグラフの記事のようなものを読むことになるのだ。

陪審はウォルマートに対して、電話機を盗んだと濡れ衣を着せられて、子供の目の前で手錠をかけられたと主張する女性に、三二〇万ドルを支払うよう命じた。

一九九九年二月半ば、田園地帯の（アラバマ州）メーコン郡の陪審は、一九九五年のクリスマスイブに、自分の町のウォルマートで逮捕された、オペリカのラショーナ・グッドマンに有利な評決を下した。

グッドマンは、違法行為を罰して抑止する意図がある懲罰的損害賠償として三〇〇万ドル、そして補償的損害賠償として二〇万ドルを与えられた。

クリスマスイブに子供たちの前で手錠をかけられるとは！　その女性の子供たちにとって、なんというクリスマスプレゼントだろう。

ウォルマートがこの裁判で控訴していることは言うまでもない。

地元の銀行に協力を求める

ひょっとすると、あなたが一生懸命稼いだお金を預けている地元の銀行のことも気の毒に感じるべきかもしれない。彼らもウォルマートが町に来て、カモにされたのだ。ウォルマートは大口預金者になるだろうと信じていただろう。

だがそうではなかった。銀行が手にしたのは、ちょっと立ち寄るだけの夜間金庫経由で店の売上金を受け取り、翌朝にはアーカンソー州ベントンヴィルの本社にそれを送金するための、ほんのわずかな手数料だけだった。ウォルトン・エンタープライゼスの店から独立系の銀行が得る利益がいかに少ないかを述べたニューヨーク・タイムズの記事の言葉を借りれば、「思いのままに扱う」時間などないのだ。

そして、ウォルマートが町にもたらすという一〇〇の就職口についてはどうだろう？　そのウォルマート・ストアの営業区域では、ウォルマートが一〇〇人雇うとしても、一五〇人以上が失業する。しかもその〝新しく雇われた〟ウォルマート店員のおよそ七五パーセントはあまりにも給料が少ないので、銀行に新しく預金口座を開く人の数が片手に余るとは思えない。

銀行業について言えば、最悪の事態は、少なくとも当面は何とか避けられている。

一九九九年、ウォルマートはひそかに貯蓄銀行業を始める準備を整えた。そう、彼らは客に、銀行での用事もすべてウォルマートでやってほしいと考えたのだ。足がかりは何だったか？オクラホマ州ブロークン・アローの、支店が一つしかない貯蓄銀行を手に入れただけだ。

だが一九九九年七月、（ニューヨーク州ブロンクスを本拠地とする）移転および都心公益法センター所管の都心プレス・コミュニティーという団体が、貯蓄金融監督局に対して、ウォルマートというキツネを銀行業界のトリ小屋に入れることに反対する、異議申し立てを提出した。そこには説得力ある論拠が満載されていた。

この申し立て――およびそのあと、一一月にクリントン大統領が署名した金融近代化法の土壇場での改正――によって、銀行業界に参入しよう（そしてきっと最終的には、故郷の町のアメリカの銀行として残っているものをすべて粉砕しよう）というウォルマートの計画は事実上つぶされた。

ウォルマートはそれでも銀行業をめざすだろうか？　ニワトリは立ち向かうだろうか？
結論――地元の（食品は扱わない）ウォルマートをスーパーセンターに拡張させないための「聖戦」を始めたいなら、その運動を引っ張ってくれるよう、銀行の頭取か支配人に頼んでみること。そういう人なら、自分たちの業界がウォルマートの手にかかって悲鳴を上げていることを、十分にわかっているに違いない。

だれに電話をするか

無秩序拡張《スプロール》を阻止する人々《バスターズ》！　私たちの知る限り、あなたの町へのウォルマート出店を阻止する、あるいはウォルマートの既存店をスーパーセンターに拡張させないようにする、いちばんのスペシャリストはアル・ノーマンだ。

アルはもともと、とくにウォルマート――および一般的な大型店舗――がアメリカの小売業を破壊するのを防ぐことに専念していた新聞記者だった。彼のウェブサイトwww.sprawl-busters.comと、そこに掲載されている最前線からのニュース速報や、スプロール阻止運動の勝利は、闘いに負けたと考えている人にとって本当にカンフル剤になる。信じられないような話ばかりだ。

アルの著書『スラムダンキング ウォルマート――まちを守る戦略・アメリカの郊外開発に学ぶ』〔訳註：南部繁樹訳、仙台経済界刊〕は、ウォルマートを憎むあらゆる人の書棚にあるはずだ。私たちも読んで、気に入った。お金を払って買う価値がある。原書は彼のウェブサイト

（前述）で注文できる。

たくさんの町や市がアル・ノーマンに、現場へのアドバイスを求めて電話をかけている。ウォルマートがあなたの町や市に押し入ろうと卑劣な争いを仕掛けてくるという予感がほんのわずかでもあるのなら、あなたも電話をかけるべきだ。

サイバースペースで闘おう!

職場で、家で、あるいは図書館で、インターネットにアクセスできるのなら、恐ろしいエピソードから組織的な抵抗にいたるまで、驚くほどの情報の宝庫を直接のぞくことができる。次に掲げる反ウォルマートのウェブサイト（とウォルマート自身のサイト）をチェックしてみてはいかがだろう。

www.walmartyrs.com

「ウォルマート体験を労働者同士で共有する」このサイトは、国際食品商業労働組合（UFCW）が制作している。UFCWは、組合を組織しようというウォルマートの食肉売場労働者の試みをめぐる現在進行中の法廷闘争に携わっており、サイトには、労働者の恐ろしい体験や労働者の権利にまつわる情報が豊富に掲載されている。

www.walmartwatch.com

これもUFCWによるサイトで、ウォルマートが消費者と町に与える影響に焦点を合わせている。残念ながら、このサイトの豊富な統計、逸話、ニュースはすべて日付が記されていない。

www.wal-martlitigation.com

ウォルマートを相手に起こされている訴訟についての情報を集め、より精緻なものにして販売しているウォルマート訴訟プロジェクトのホームページ。テネシー州ナッシュヴィルの弁護士ルイス・L・ラスカがまとめているこのプロジェクトは、「顧客と従業員に対して適切な行動をとるよう強制するべくウォルマートを訴えている弁護士を支援し、ウォルマートの不正行為に対する訴訟で原告が勝つチャンスを広げるための〝競技場の地ならし〟をする」のが目的だ。

ウォルマート訴訟プロジェクトは、さまざまなタイプの訴訟（顧客のけが、万引き論争、不当解雇など）や評決や和解に関する情報をたくさん提供している。また、ウォルマート相手の訴訟を引き受けてもかまわないという弁護士のリストもあつかっている。そういう弁護士を見つけるのは難しい。なにしろ「ウォルマートは、法廷では手ごわい相手で……短期間で公正に和解するのをいやがり、何としても裁判に持ち込みたがっているようにも思える」からだ。

http://members.aol.com/walmopboy/abuse/index.html

この「ウォルマート従業員酷使フォーラム」は、一般のサイトのようだ。一九九九年七月から更新されていないが、恐ろしい逸話が満載されており、労働組合ではないが、力を合わせようと労働者に呼びかけている。

www.sprawl-busters.com

マサチューセッツ州グリーンフィールドを拠点とする「スプロール・バスターズ」コンサルタントのアル・ノーマンが運営する特大のサイトで、「巨大店舗をはじめとする有害な大規模開発に反対する運動を成功させるための企画と実行について、地域社会の団結を現場で助ける」。アルはウォルマートだけを対象にしているわけではなく、ホーム・デポやKマートなどともやり合っている。だが最新の「ニュース速報」コーナーは、つねにウォルマートの話で占められている。

www.nlcnet.org

「企業による人と労働者の権利侵害について、アメリカの市民を教育し、積極的にかかわらせること」を使命とする、全国労働委員会（NLC）のサイト。搾取工場の詳細（ウォルマートの深いかかわりも含めて）や、それを明らかにして一掃しようとしているNLCの試み、その活動に参加する連絡先が掲載されている。

www.users.cloud9.net/~pofn/prtkvendor.html

ピープル・オブ・フェイス・ネットワーク（ＰＦＮ）のこのサイトは、ＰＦＮとＮＬＣが共同で尽力した、一九九九年の「良心のホリデーシーズン」に向けて開設された。このサイトには、とくにウォルマートをターゲットにＰＦＮが展開している「人々の知る権利キャンペーン——世界経済の透明性と説明責任を求める運動」が解説されている。ウォルマートの採点表や、ウォルマートとウォルマートが選んだ世界中の納入業者《ベンダー》とが、いかにベンダー・パートナー契約を破っているかを逐一示す事例なども掲載されている。

www.harbornet.com/pna/WalMart/walmart.html

ホームページに「私たちはウォルに対抗する」という威勢のいい見出しを掲げている、ワシントン州ギグハーバーの半島地区会のサイトには、大規模小売店を追い払う闘い（と勝利！）の記録が掲載されている。

あなたも鎧を身につけ、刀を抜いただろうか？　それでは、ドラゴンに反撃するための一二三の戦術を紹介しよう。

あなたが小売業者だったら

一九九八年五月に本書の第一版を出してから、私はたくさんの電話や手紙を個人経営の商店の店主からもらっており、反撃に使える一三のアイデアを集めた。

私はニクソンのファンではないが、策略家ディック・ニクソンの「道が険しくなればなるほど、強靭な者は前進する」という言葉は賞賛しよう。覚えておいてほしい。あなたの闘う相手はアメリカのビジネス史上、最も残酷な大企業の一つであり、無法者のなかの無法者なのだ。だからこそ前に進もう！　一つ試し、すべて試し、そしてウォルマートを打倒してほしい。

①競争を最小限に抑える

そのとおり。できる限り張り合わないようにして、ウォルマートが仕掛ける競争をまともに受けて立たないこと。私の知っている非常に賢い商店主の一人は、同じブランドの商品をそろえてウォルマートと競争しても——絶対に——かなわないことを強調している。いちばん近いウォルマートを定期的に訪れ、そのディスカウントストアが在庫しているブランドを暗記する。そしてそれと競合するブランドを仕入れるのだ。

②自分の地位を利用する

アルゼンチンの納入業者一一社が、ウォルマートに品物を卸すのを拒否した。ウォルマートが安売りをしているのと同じ商品ラインナップを扱っている、古くから取引している小売店に圧力をかけられたのだという。ウォールストリート・ジャーナルによると、ウォルマートは例によって素敵な反応を示した。「〔わが社は〕アルゼンチンに商品を持ち込んで、地元の労働者の仕事を奪うことになるかもしれない」。この方法は多くの小さな商店には実行できないかもしれないが、こういう観点から納入業者との関係を考えてみよう。彼らもウォルマートとの取引にうんざりしているかもしれない。

③とにかく断る

今度商談会に行ったら、参加している業者に、ディスカウントストアに卸しているかどうかを聞いてみよう。もし卸しているという答えなら、おそらく高い値引率は期待できない。注文しないことにしたら、ディスカウントストアに卸しているのがその決定要因であることを業者に告げるべきだろう。

④ゲリラ戦法を使う

南アメリカの大手ディスカウントストア、カルフールが、どうやってサムをとっちめているか。ウォールストリート・ジャーナルによると、「ウォルマートの新しい店が宣伝用の特価品のチラシを印刷すると、近くのカルフールはわずか二、三時間のうちに、それに対抗して同じ商品を二、三セント安く提供する。そしてウォルマートの駐車場の入り口で、そのチラシを配っている」。いいぞ、やれやれ!

このようなゲリラ・キャンペーンを(たとえ一度限りの、もっと小規模なものだとしても)敢行する決意と着想と根性があるのなら、ウォルマートをかなり痛い目に遭わせられるし、そのバーゲンで多少なりとも売上が期待できるだろう。

⑤あなたを締め出す販売契約と闘う

うちの地元の新聞スター・テレグラムによると、フォートワース地区のレコード店の店主ビル・ソワーズは、一九九七年にロックグループのエアロスミスに抗議した。エアロスミスの所属レコード会社が、新譜シングルCDの販売でウォルマートと独占契約を結んだのだ。義憤に駆られたビルは、エアロスミスのほかのアルバムの在庫をすべて、レコード会社に返品した。それで彼は、締めて一〇〇〇ドルから二〇〇〇ドルの売上を失ったかもしれない。だが彼に神の祝福あれ!

同じような問題を抱えるほかの店主のために、それほど過激でない方法を教えよう。義理がたい客に助けを求めるのだ。何が起こっているかを公にする。ウォルマートとレコード会社との八百長契約を、チラシか張り紙で知らせる。そして、それに腹が立った場合の連絡先(レコード会社の住所とメールアドレス)を教える。

もし客があなたの店で、実際にエアロスミスのニューシングル(でもなんでもいいが)を探しているのに、なぜ見つからないのか知ったら、かなり怒るだろう——その矛先はあなたに向けられるのではない（ウォルマートに行って、そこでそのいまいましいCDを買う人もいるだろうが、どちらにしても、あなたの店がそのCDを売れるわけではないのだから）。あなたの店の張り紙によって非難されるべきはだれかが明白になり、レコード会社は、耳を傾けるべき人々、つまり消費者から、実際に抗議を受けることになる。少なくとも、レコード会社も不利な面がわかって、次の機会にはこのようなふざけたまねをする気が失せるだろうという望みはある。

⑥もっとたくさんの靴を売る

この話は、先日の夜一緒に飲んだ友人から聞いた。彼の親しい友人が、アーカンソーの人口約二万五〇〇〇の小さな市で靴屋をやっているという。

ウォルマートがその町にやって来たとき、彼はすぐメモ帳を片手にその店に行き、自分の店の在庫と競合する靴と靴下とストッキングのブランドをすべて書きとめた。

一週間後彼は、ウォルマートがそろえているあらゆるブランドのセールを行なった。

次に彼は、ウォルマートに卸すことを拒否したと聞いていた製靴会社に電話をかけ、これからはウォルマートが扱わないとわかっている特殊なサイズにも力を入れる、と言った。そして、どんな足の方でもぴったりの靴が見つかります、とうたった新聞広告を、販売区域全体に流した。

なじみの客には、新製品もサイズも豊富、どこよりも最新のスタイルをそろえています、と書いた葉書を送った。

この靴専門店（そうそう、彼は専門店を強調している）は、ウォルマートが現われても、これっぽっちもひるまなかった。今では前よりも稼いでいるくらいだ。

⑦今どき、持ち運びサービス？

持ち運びサービスはずっと昔にすたれたとお考えだろうか？　うちのほう（テキサス）では違う。

ほんの二、三年前、ここフォートワースの大学通りに、ソニック・ドライブイン・レストランの第一号店ができた。ウェイトレスがローラースケートで車までトレーを運んできてくれて、まるで五〇年代に戻ったかのようだった（覚えている方のために、それはＢＷＭ、つまりBefore Wal-Mart〔ウォルマートができる前〕のことだ）。

マクドナルドが一キロ半ごとにあることも災いして、ソニックの人気が出るまでには多少時間がかかった。だが今では、うちの近辺にはびっくりするほどたくさんのソニックがある。ソニックのある小さな町も多い。

この戦術がうまくいくのはレストランだけではない。私たちの旧友ミルトン・ウスリーは、ドライクリーニングの店をやっていた。その店に洗濯物を持ち込むために車を脇に寄せると、車を止めるか止めないうちに、ミルトンの店の店員が服を取りに道に出てくる。

それだけではない。店員はどの客が仕上り品を取りに来たかを知っていて、客がカウンターに着く前に、その品をラックからはずし、いつでも持っていけるように待っている。客が一分以上待たなくてはならないときは、車までいそいそと運んでくれた。

付け加えておかなくてはならないが、ミルトンはクリーニングの腕前もすばらしかった。だが、この持ち運びサービスというちょっとしたおまけをすることで、町いちばんのドライクリーニング店になったのだ。

そう、ミルトンは引退したとき裕福だった。とても裕福だった。

そういうちょっとした付加価値——それこそ、私たちみんなが真に求めているものではないだろうか。

⑧サム・ウォルトンにできるのなら、あなたにもできる

私は、故サム・ウォルトンの伝記を読むほど身を落とすつもりはない。だから、これはまた聞きの話だ。

最初に小さな町でチェーン店を始めたとき、サムはサングラスやら何やらで変装し、競合店を訪ねて値段をメモした。それから自分のウォルマート・ストアに戻り、同じような商品に、他店の特別価格より安い値札をつけさせたのだ。

一方に役立つことは他方にも役立つ。読者のなかには、こんなことをした人がいる。

ある田舎町の男性が教えてくれたのだが、彼は毎週地元のウォルマートに行き、ウォルマートのほうが自分の店よりも高い価格を書きとめた。そして「うちの価格を比べてください」と

いうチラシを作った。「ウォルマートでの×××の価格は△△ドル、うちの店では○○ドル！」。そしてアルバイトの少年を一人雇い、ウォルマートの駐車場の入り口に立たせ、受け取ってくれる全員に、そのチラシを配ったのだ。

同じように鉄面皮《てつめんぴ》の個人商店がほかにもあった。同種の価格調査を行ない、比較表を通りかかる人全員が見られるように、ショーウィンドウにペンキで書いたのだ。

覚えておいてほしい。どのウォルマートでも何千という商品がいつもいちばん安いとは限らない。ウォルマートは安いと思われているだけなのだと、あなたの店の客に知らせよう。

⑨ウォルマートの修理工に会ったことがありますか？

私たちは半世紀間、自分たちが売ったもののサービスを行なう販売店向けの業界誌を発行していた。バイシクル・ビジネス・ジャーナルを五〇年、アウトドア・パワー・エクイップメントを三〇年。販売店が展示会で私たちのブースにやって来たとき、私たちはたいてい、彼らがどうやってウォルマートと張り合っているのかをうまく聞き出したものだ。その中で目立ったのは、次のようなやり方だ。

●ある自転車販売店では、店の前のウィンドウにも店内にも、大きな張り紙をしていた。「ウォルマートの自転車修理工に会ったことがありますか？」

◉屋外用電動器具の販売店も、同じように目を引く張り紙をした。「当店ではウォルマートの芝刈り機を修理しています」

◉インディアナ州の自転車とエクササイズ・マシンの販売店は、ウォルマートとファクトリー・アウトレット・モールが町にできて当惑した。繁盛している二つの店を経営していた店主は、ファクトリー・アウトレット・モールの隣に三号店をオープンした。そして最近聞いたところによると、交通量の多い地域に出したその三号店は、三つの店のなかでも、いちばん繁盛しているそうだ。

覚えておいてほしい。ウォルマートに修理工はほとんどいない。回転したり動いたりする部品がついているものを売っている店にとって、いちばんのセールスポイントはサービスだ。

⑩宅配——これからブームに?

集荷や配達は、ウォルマートの得意とするところではない。この特別なひと手間がありがたい状況は非常に多く、何もかもには手が回らない超多忙な時代にあっては、客はそういうサービスを高く評価するだろう。

ウォルマートと競合する薬局は宅配を行ない、そういうちょっとしたおまけができることを宣伝するべきだ。

紳士向けでも婦人向けでも洋品店なら、裾や袖の寸法直しが必要な品物を届けることができる。処方薬と同じように、服にも評判を上げるうまい方法があるのだ。

ドミノが宅配ピザで何億ドルも儲けているのなら、自慢料理のあるレストランはどこも、店のメニューのうち、熱いまま味を損なわずに客の家まで配達できるのはどれか、考えたほうがよい。

そう、何百というウォルマートは、客が洗濯物を持ち込み、仕上り品を取りに来てくれるつもりでいる地元のクリーニング店にスペースを賃貸している。私の町で、もしも決まった曜日に集荷と配達のサービスをやってくれていたなら、たぶん踏みとどまっていたであろうクリーニング店は数知れない。

さらに、サービス（第⑨項を参照）が必要で集荷や配達できる商品について考えてほしい。そういう店はすべて、そのようなサービスを行なうことで売上を伸ばすことができるのだ。

ともかく、考えてみる価値はある。

⑪何かを、いつも特売品にする

私たちがテキサス州ヴァンでバナーという新聞を発行していたころ、ヴァンでいちばんの食料品店は、むっつりした老人がオーナーだった。彼は商売人的な愛想が欠けていたところを、セールスマン精神でカバーしていた。彼の店は小さくて平凡で、値段はほかの四つの食品店と大して変わりなかった。だが、例外が一つあった。その店の真ん中には、いつも何かの缶詰がうず高く積まれていたのだ。豆、トウモロコシ、ひき割りトウモロコシなど、納入業者が利益無しで卸している品物なので、町の四軒のライバル店よりも、一缶につき一セントか二セント安く売ることができるのだった。入り口近くに、人目を引く広告が張ってあった。「三缶四九セント、四缶六九セント」。たったそれだけのことで、ヴァンの買い物客は、彼の店が町でいちばん安いと考えたのだ。

⑫コーヒールームがないのなら作ろう

これは何度も目にしているので、うまくいくことがわかっている。

私は二〇年余り、車はすべて同じ販売店で買っている。「値切り交渉」のための二〇分、三〇分は避けられないようだ。どの色にするか、シートは革張りか布張りか、冬季装備、価格、支払条件……われらがセールスマンのアル・ヒュイットはいつも、「話し合う」ために私たちを会社のコーヒールームに連れていく。もちろんコーヒーは無料、アルにおごる気があれば自動販売機のソーダを飲むこともあった。

このコーヒールームという演出は、もちろん、値の張る商品を扱っている販売店向けだ。

妻のレニーのお気に入り、ここフォートワースにあるドレスショップ、メアリー・マッコーリーの店に行った日も、たしかに値の張る買い物をした。メアリーの夫のジムは、買い物客の夫をくつろがせるコツを心得ている。会うと必ず、「コーヒー、カフェイン抜きのコーヒー、赤と白のワイン、それにコーラもあります。何になさいますか?」と聞いてくる。とても感じのいい口調で言われるので、何か飲まなければ彼に対して失礼な気がする。だから私たちも飲んだ。そしてレニーは買った。買いまくった。

自転車の販売店向けの業界誌を発行していた五〇年のあいだに、私は何百という自転車ショップに行った。ほかより繁盛しているいくつかの店は、同じような心のこもったサービスをしていた。とくに、高級な自転車は四〇〇ドル以上で売られているのだから。

覚えておいてほしい。ウォルマートは、もてなしや善意のためには、何一つだれにも与えないことで知られている。

それを利用するのだ。あなたの店にも、どこかにそのためのスペースがある。もしなかったら、店の奥をカーテンで仕切ればよい。そして誠実な客に、入れたてのコーヒーをサービスしよう。

⑬国内製を売り、国内製を買う

個人経営の小売店のほうがウォルマートより有利な点はいくつかある。ベントンヴィルのあばれ者は、紳士用も婦人用も、服と靴は国内製（アメリカ製）を買わない主義だと言えそうなことも、あなたの強みになる。一九九九年、織物労働者の組合が、ウォルマートで売られている紳士服と婦人服の八割は輸入ものだ、という数字をはじき出した。

個人経営の店はみんな——そう、一軒残らず——売れ筋といえる商品すべてのラベルを調べて、地元の新聞に定期的に「メイド・イン・アメリカ」の広告を出そう。ぜひとも、その見出しをできるだけ大きくして——メイド・イン・アメリカ——その下にウォルマートでは売られていないブランド名を並べてほしい。それから、「ウォルマートの店では見つからないのでは？」などと、ちょっとした反撃の惹句《コピー》を入れてはどうだろうか。

信じてほしい。あなたが「メイド・イン・アメリカ」を強調すればするほど、アメリカの工場はすぐにも、海外の工場の奴隷労働力に奪われていた仕事を取り戻すことができるのだ。

あなたが製造会社だったら

もしあなたがウォルマートに製品を売っていて、利益を圧縮されているのなら、アドバイスはただ一つだ。

⑭言うことをきかない

ウォールストリート・ジャーナルによると、おもちゃメーカーのステップ2は、ウォルマートには商品を売らないことにした。ウォルマートその他の「強大な小売力」を持つ巨大小売業者との取引を拒否している、数多くのメーカーの仲間入りをしたわけだ。そういうメーカーはひとえに、巨大小売店が自分たちの製品を売るときの途方もない値引きが、腹に据えかねるのだ（納入業者《ベンダー》に対するウォルマートの常軌を逸した行為は、今さら言うまでもない。第3章を参照していただきたい）。

あなたが市民や開発計画局だったら

もしウォルマートやほかの大型ディスカウントストアが、あなたの町の周辺を嗅ぎまわっていたら、気をつけろ！　今、まだ力があるうちに、準備を整えなくてはならない。

⑮町の総合開発計画を徹底的に点検する

第2章（六〇ページ）で紹介した、ランカスター郡開発計画委員会がまとめた対処法をチェックすること。その四つのステップを慎重によく考えて実践すれば、あなたの町を「ウォルマート・プルーフ」にすることができるだろう。警告——この四つのステップには時間がかかるので、争いの兆しが間近に迫っていないうちに実行するのが最善だ。

⑯用途地域《ゾーニング》区分の認可手順をもっと厳しくする

これは右の第⑮項に付随する項目だ。ウォルマートは決まって商店街から離れたところに出店する。未開発地域に建設することもしばしばだ。したがって、ウォルマートの店舗を建てるために、その建物を所有する開発業者《デベロッパー》は、必要な下水・排水設備や交通施設を整えられるよう、用途地域《ゾーニング》を変更させる必要がある。

そこで、政治力も先見の明もある地元の商店主が、用途地域を変更するには市議会の三分の二以上の賛成が必要となるように、市の条例の改正を市議会に求めよう。そうなればきっと、ウォルマートが黙ってこっそり侵入するのは、ずっと難しいことになることだろう。

昔ながらの請願運動はどうだろう?

このタイプの抗議は効果が実証済み（しかも比較的簡単）であり、最近ではマサチューセッツ州ウェストフォードのウォルマート排斥運動でも使われた。請願書に署名した五〇〇人の住民の多くは、さらに一歩進んで、請願書が認められるまでの数週間、「ウォルマートができても行かない」と書いたバッジを着用した。あなたの町の請願書に関する規定を調べ、クリップボードとペンを用意し、友だちや近所の人たちに協力を求めよう。

ラジオのリスナー電話参加番組に協力を求める

あなたの——あるいは近隣の——町には、聴取者《リスナー》が電話で参加するラジオ番組があるだろうか?　そういう番組はつねに、リスナーの気を引くテーマを探している。ラジオの聴取者には、ウォルマートについてどっちつかずという人はまれだ。ちょっと考えてみれば、電話参加番組でじつに面白いことを引き起こせる。こんなところから始めてはどうだろう。

◉ウォルマートは、地元の公共施設（病院、教会、慈善団体など）にほとんど支援をしていないこと。

◉ウォルマートは万引きなどの店で起きる騒動のために、しょっちゅう警察に電話をかけることで有名。防犯の警報装置を作動させてばかりいると、警察への通報の料金を請求されるのと同じように、ウォルマートも過度の通報にはお金を払うべきではないだろうか?

◉ウォルマートで働いているパートタイムの従業員(全体の四割と言われている)について。ほかの従業員がもらっている手当の、少なくとも一部はもらう資格があるのではないだろうか?

◉スーパーセンターの食料品売場や店内レストランから出される、悪臭を放つ生ゴミについて。ウォルマートの近くに住んでいる人たちは、どう思っているだろう? それに、駐車場からの騒音についても、どう感じているだろう?

◉ウォルマートが売っている拳銃について。あなたの故郷の町で、そのような売場を設けることが許されていいだろうか?

だれに投票するか

最新の年次報告書で、ウォルマートは二〇〇〇年度の拡張計画を次のように伝えている。膨大な数の新しいネイバーフッド・マーケット、四〇の新しい店舗、五八の新しいスーパーセンターをつくる――そして一〇七の既存店をスーパーセンターに再配置、または拡張する。言っておくがこれはアメリカ国内だけの数字だ。海外には九〇から一〇〇の新しい店が計画されている。そして翌年は……だれにも予想できない。

したがって今こそ、これまで以上に、次の選挙でだれに投票するかの判断が重要なのだ。市議会議員候補に、あなたの町を独占しようというウォルマートの計画についてどう思っているか表明するよう依頼する――いや、要求する――べきだ。

⑰役所に駆けこむ

有名なベン・アンド・ジェリー・アイスクリームのジェリー・グリーンフィールドは、ヴァーモント州ウィリストンの町で、まさにこれをやった。ウォルマートがテナントに入るモールに反対の投票をするという、はっきりした目的があって、市役所に駆けこんだのだ。自分の町のことがとても心配で、その開発の行方に大いにかかわろうというのであれば、地元の役所こそ、あなたの役に立ってくれる場所かもしれない。地元の役所に駆けこむのは驚くほど簡単なことで、市民としての責任にもう一歩踏み出す覚悟があるのなら、考えてもよいことだ。

⑱有名になれる一五分を利用する

アーティストのアンディ・ウォーホールは、かつてこう言った。「これからの時代、だれでも一五分間は有名になれるだろう」

ウォルマートの侵入を阻止する運動に参加したら、地元局だけでなく、全国ニュースにも出るかもしれない。覚悟しておくこと。ウォルマートのどこが悪いか、なぜあなたの町にウォルマートはいらないのか、そして自分のような普通の人々がウォルマートを阻止するために何ができるか、言うべきことを考えておこう。恥ずかしがらないで。最大限に利用しよう！

私にもそういう一五分があった――いや、実際は一五秒だった。一九九九年の半ば、ウォルマートがイギリスに〝侵攻〟したころのことだ。朝早く、ABCのニュースキャスター、ピーター・ジェニングスのニューヨーク事務所から電話があり、その晩の放送に出られるかどうか聞かれた。私が？　もちろん出られますとも！

数分のうちに、ABCのアトランタ事務所のカメラ・クルーが、私の故郷であるテキサス州グランドサリンに送り込まれ、近くにウォルマート・スーパーセンターが二つもできたために廃墟と化した商店街を丹念に撮影した。そして私は、地元のABCの事務所でカメラ・インタビューを受けることになった。

その夜のウォルマート特集の番組で、私が画面に映っている時間は一分にも満たなかった――いや、もっとずっと短くて、一五秒くらいのものだった。だれだか知らないがその部分を編集した人に、私は一四分四五秒の有名になる時間の貸しがあるわけだ。だがそんなことはどうでもいい。私のしわだらけの顔が、名前が、そして著書のタイトルが、一九九九年六月三〇日水曜日、六〇〇〇万台余りのテレビに映し出されたのだ。このちょっとした名声は、孫の代まで伝えられるだろう。

あなたが消費者だったら

⑲店を比べる

ウォルマートの値段をチェックして、ほかの店と比較するために書きとめよう、と言いたいところだが、フロリダ州スプリングヒルのヴァージニア・バーガーは、それをしようとして、ウォルマートの店員に、価格をメモするのは「店の方針に反する」と言われた。

ひえーっ！　どうしてそうなるのだ？　度重なる調査によって、ウォルマートの価格は、大半がほかのディスカウントストアより安くない、それどころかかなり高い場合が多いことが明らかになっているからだろうか？

そういうわけで、あなたのすばらしい記憶力（あるいは小型テープレコーダー）を駆使しなくてはならないかもしれないが、もし少しでも疑問があるのなら、自分で確認してほしい。大半の人は賢明にも、値の張る買い物をするときは、あちこち見て回る。だがどちらかというと安いものについてはどうだろう？　比較するとき広告に頼る人が多いが、そこに明らかな問題がある。

あなたの家の近くで、実際にどこよりも安く売っているのはどの店か判断したいのなら、自分の目で確認しよう。トイレットペーパーから冷凍食品まで、何もかもお買い得品を探し回ることをしないという、ささやかな贅沢をしている人が多いが、全般的に妥当な価格をつけているると信頼できる店はどこなのか、わかっていたほうがいいだろう。それは、見せかけだけのディスカウントストアではないかもしれない。

もちろんウォルマートなら、こういう意識的な買い物をする必要はまったくない。何もかもが一カ所でそろう。ワン・ストップ・ショッピング！　たとえいちばん安くはないにしても、かなりお買い得なようだし。

だが心にとめておいてほしい。消費者としての力を大手ディスカウント業者に譲り渡すということは、どういうことなのか。あまりに多くの人々が先のような考え方をするようになり、代わりにディスカウント業者は何を手に入れているのか。莫大な利益を上げて著しい発展を遂げ、巨大企業の見境のない尊大さを身につけ、そしてアメリカの田舎町の商業と社会の構造を崩壊させているのだ。


アメリカ製品の販売を促進しよう！

（そうしないことに日本人がお金を払ってくれるのでなければ）


一九九七年、ウォルマートは、正真正銘のアメリカ企業であるコダックに背を向けた。日本の富士フィルムが、ウォルマートの店舗での写真現像やプリントの業務を、二〇〇〇万ドルで買収したのだ。富士フィルムとしては、自社の紙や薬品を使うことで利益を増やせるし、ウォルマートおよびサムズ・クラブ全店に、富士フィルム用の棚のスペースを確保できた。

「業界があっけにとられるニュースです」と、ある写真業界のコンサルタントが言った。この契約を勝ち取るのはコダックだというのが大方の予想だった。コダックにしてみれば、日本メーカーとの争いに短期間で二度の敗北を喫したわけだ。コダックは、富士がコダックを巨大な日本市場からまんまと締め出していると主張し、アメリカは日本に制裁措置をとるべきだと求めたが、失敗に終わったばかりだった。

アメリカ造幣局、新しい一ドル「金貨」の発行でウォルマートにひいき

二〇〇〇年のサカジャウェア一ドル「金貨」を手に入れようと、苦労したことはないだろうか？　なぜあの硬貨はこんなに希少なのだろう？　私は答えを知っているかもしれない。わが国の政府が、アメリカ史上最も残酷なディスカウントストアにひいきしたのだ。

二〇〇〇年二月九日のウォールストリート・ジャーナルによると、「造幣局はウォルマートと入念な契約を結び……ウォルマートが大半の銀行に先駆けて、最初に分配される新硬貨を手に入れられるように取り計らった」

ウォルマートは確実な宣伝になると見越し、この時とばかりに一億ドル分を注文した。絶対に人気の出る硬貨の初期市場を、事実上買い占めたわけだ。ウォルマートの注文は最初に応じなくてはならないものとされ、硬貨は発行初日に発送された。

一方、残りのわずかな硬貨は連邦準備銀行にトラックで運ばれ、そこで長々と数を数えられた。そしてようやく、コレクターたちの要望に応えようとしていた銀行に届けられたのだ。

「ウォルマートはこれ以上、うちのような小さな商店より優先される必要などないのに」と、サウスカロライナ州ボイリング・スプリングスの金物店の店主は不平をもらした。アメリカ銀行家協会も抗議した――が、無駄だった。

「アメリカ造幣局は、銀行組織全体を出し抜いたのです」とニューヨーク州スペンサーのティオゴ州立銀行の副支配人は言う。「じつに残念です」

資本主義のブタ

二〇〇〇年春、中国との恒久的正常貿易関係を認める法案が、下院を通過して上院に送られたとき、人権活動家のハリー・ウーと、彼の熱のこもった運動のことが頭に浮かんだ。彼は、安い中国製品の裏に隠された恐怖について、顧客の注意を喚起するための運動を展開していた。共産党体制の政策に反対して、中国の強制労働収容所に一九年間収容されていたウーは、ウォルマートの中国製品販売に抗議して、ワシントン州オーバーンとネヴァダ州ラスヴェガスのウォルマートで集会を行なった。ラスヴェガスのサン紙によると、ウォルマートは中国の軍事企業から直接製品を買っている、とウー氏は主張している。サンの記事によると、ラスヴェガスの集会でウーは、軍とのつながりがある中国の会社ノリンコによって作られたという双眼鏡を見せた。ノリンコは、ＡＫ47マシンガンをアメリカのストリートギャングに密輸出してつかまったとされている、とサンは伝えている。

「安い製品は、安い労働力を意味します」とウーは言った。「安い労働力は安い生活を意味し、それは人権侵害を意味するのです」

最後に

要するに、私はウォルマートが大嫌いだ。生きているあいだ、二度とあの大型店舗に足を踏み入れるつもりはないし、死ぬまで彼らと闘うつもりだ。

一方、あなたはウォルマートで買い物をすることを選ぶかもしれない。ウォルマートが自分の町にあって幸せだ、そう思うかもしれない。ウォルマートで買い物をする妥当な理由はあるし、ウォルマートが町にできることを歓迎する現実的な理由もある。

だが、これだけはお願いしたい。ウォルマートの店で商品を買うにしろ、町に巨大な店舗を建設することを許すにしろ、ともかく支持する立場なら、自分が何を選んでいるのか、何を引き渡すことにしているか、何の崩壊を許すことになるか、そこだけは認識していただきたい。

読者のみなさんへ

本書の第一版で、みなさんの意見をお待ちしていると言ったところ、ひっきりなしに意見をいただいている。みなさんの電話や手紙のおかげで、ベントンヴィルのやつらに関する私の最悪の疑念は確かなものになっている。そして、それでも立ち上がり、彼らを打倒しようという希望がわいてきた。私が気に入った反響のいくつかを本書で紹介した（大半の章の最後にある「読者からの手紙」や「読者からの電話」を参照していただきたい）。

みなさんとウォルマートとの闘いについて、もっと話を聞きたいと思っている。その気があるなら、ぜひ手紙を書いてほしい。送り先は、c/o Ten Speed Press, P.O. Box 7123, Berkeley, CA 94707のBill Quinn（ビル・クィン）です。

元ウォルマート従業員のみなさんへ

なぜウォルマートに就職し、そして辞めたか、教え続けてほしい。手紙を、c/o Ten Speed Press, P.O. Box 7123, Berkeley, CA 94707のBill Quinn（ビル・クィン）宛に送ってください。

個人経営の店主の方々へ

店をたたむことになってしまった商店主のみなさん、ウォルマートの事業戦略に苦しんでいる商店経営者のみなさん、私たちに話をしてください！　店の専用便箋に手紙を書いていただければうれしいのですが。c/o Ten Speed Press, P.O. Box 7123, Berkeley, CA 94707のBill Quinn宛に送ってください。

納入業者や製造会社の方々へ

みなさんは、ウォルトン・エンタープライゼスのせいで営業的にいちばん苦しんでいることでしょう。あなたが受けた仕打ちについて、手紙を書いてほしい。あなたが公表してもかまわないと言わない限り、あなたの手紙の守秘は一〇一パーセント保証します。住所はc/o Ten Speed Press, P.O. Box 7123, Berkeley, CA 94707のBill Quinn（ビル・クィン）。

◉**編集部より**

全米で高い評価を受けている社会派の雑誌『スペクトラム』二〇〇二年四月号より、ウォルマート関連の興味深い記事を「参考付録」として転載いたしました。

参考付録として

ウォルマートと中国搾取工場

本拠地アーカンソー州の秘密

ウォルマートについて理解するためには、アーカンソー州のことを理解しなくてはならない。そしてアーカンソー州を理解するためには、ロックフェラー家のことを知らなくてはならない。そしてまた、中国の搾取工場の実態を突き止めるためにも、この世界一裕福な一族のことを知らなくてはならない。

第一にロックフェラー家は、かなり面積が広くて自然に恵まれている、比較的人口の少ない州を、まるごと所有して操るのを好む。そうすれば、いわゆる「選挙」に勝つ必要がある場合、自分たちの手の者を就任させるのに必要な票をすべて買収するのも、いくぶん安上がりなのだ。

ウェスト・ヴァージニアはそういう州である。港の入り口に両脚を広げて立つ古代のロドスのコロッソスのように、ロックフェラー家は両側にまたがっている。民主党のふりを装うときもあれば、共和党になるときもある。彼らが上院に送り込んだジョン・D・ロックフェラー四世は、残忍で悪名高きスタンダード・オイル・トラストの創業者ジョン・D・ロックフェラーの曾孫である。スタンダード・オイル・トラストは、一九一一年の連邦最高裁判所の判決によって解散させられたが、無知な人たちを欺くために名前をわずかに変え、再び結成されている。スタンダード・オイルは過去に、操業していない自社の施設を爆破し、競合相手にその罪をなすりつけることによって、大衆の支持を獲得し、競合相手を圧殺したものである（アイダ・ターベルが二〇世紀初めに、ロックフェラー家の犯罪について詳しい解説を著している）。

上院議員となったジョン・D・ロックフェラー四世は、気取って「ジェイ」を自称している。彼の妻シャロン・パーシー・ロックフェラーは、いわゆる「公共」放送で需要な地位にある。そのため私たちはその放送局をナショナル・石油《ペトロリアム》・ラジオと呼んでいる。NPRとPBSは、ロックフェラー家とビッグ・オイルの暴露報道は一切やらない（さいわい、彼女は地方のケーブルテレビには発言権がまったくないので、私たちはそちらで、報道の独占に対する抵抗を示している）。

シカゴを拠点とするハリス銀行には、パーシー・ロックフェラー家と、中東の建設工事契約で結びついている、いわゆる「テロリスト」ウサマ・ビン・ラディンとの、秘密の共同口座がごまんとあるといううわさを、彼らと直接会って確認し、確信するにいたった。

はっ、はっ！　石油にまみれたホワイトハウスは、ビン・ラディンの銀行口座が見つかったら凍結させたいと言っている。本当か？

ロックフェラー家のものとなって操られている、もう一つの州がアーカンソーである。面積はかなり広く、人口は少ない。あの州では、ロックフェラー家の承認がなければ、木っ端役人にさえなれない。ウィンスロップ・ロックフェラーがすわった州知事の椅子に、数代あとにはクリントンがすわった。

ロックフェラー一族の中間層のメンバーにインタビューしたところ、彼の名前は正式にはウィリアム・ロックフェラー・クリントンとするべきだと確信した。わかったことを総合すると、スラッジ・ウィリーが、ロックフェラー家のにこりともしない家長の非嫡出の曾孫であることは確かなようだ。

ロックフェラー家はうぶな金権政治家ではない。万が一にも、ウィンスロップ・ロックフェラーには国のあちこちに五人の非嫡出子がいて、自称「ビル・クリントン」もその一人であることを証明する文書があったとしても、そんな記録は大昔に破棄されている。

だから、どこかのとんまのように、「記録はどこに?」などと聞かないでほしい。ロックフェラー家が、ビルとヒラリーはもう用済みだからと放り出す気になるまで、彼らは手の届かない存在なのだ。

上院のクリントン弾劾裁判で、上院議員たちがそういう事情をすべて理解していたのは明らかである(たとえば、いわゆる「ウォーターゲート事件」が、文書は一つもないのに綿密に伝えられていることは、わざわざ指摘するまでもないだろう)。

アーカンソーのような進歩の遅い州に本社を置くいわゆる大企業について、不審を抱かない人がいるのはどういうわけなのだろう。タイソン・チキンズ、ウォルマートとその関連会社、そしてJ・B・ハント運送サービスのことである。

アメリカ麻薬取締局（DEA）には、タイソン社が過去に、麻薬取引でまとまった資金を調達していた経緯を記した、おとり捜査官の報告書があると伝えられている（当然のことながら、彼らの上客であるマクドナルドは、自分たち自身の問題を抱えており、どう見てもこのことに関心はないようだ。マクドナルドについては、われわれのウェブサイトの「コカコーラとCIAと裁判所」を参照していただきたい）。

皮肉屋たちは、タイソンの鶏肉《チキン》の仕入先と思われている、プエルトリコを非難する。年金の受給資格がありそうな年寄りの鶏に、密輸品がしまい込まれていたのだろうか？

タイソン社は、鶏肉の下処理の専門技術を中国に提供しているとされている。本当だろうか？　中国人は何世紀にもわたって鶏肉を扱っている。本当にタイソン社のコンサルティングが必要なのだろうか？　タイソン社が訪れたであろう中国南西部は、しばしばシカゴ経由で大量にアメリカに流入している「チャイナ・ホワイト」、つまりヘロインの生産地である。

一九七〇年代後半、今では紛らわしいバンク・ワンという名前に変わっているファースト・ナショナル・オブ・シカゴのようなロックフェラー傘下の銀行が、何十億何百億ドルもの資金を中国本土に貸し付け始めた。中国は、西部地方で産出される金《きん》でその借金を返すという契約だった。だが、借金の返済に充てられるほど大量の金があるかどうか判断するための調査官を受け入れなかった。

その代わり中国は、「チャイナ・ホワイト」を大量にアメリカに流し込んで、借金を返済することができたのだ。その間ずっと、いかさま報道機関は、麻薬の大半はコロンビアから来ているというそをつき続けていた。

アメリカのＣＩＡは結局、ロックフェラー家の財産と油田を守る世界規模の警護隊である。だからこそ当然のように、少数派《マイノリティ》である中国系のリアディ一族が、アーカンソー州で突然、勢力を伸ばしたのだ。マネー・ロンダリングを行なったのは、ウォールストリートに次ぐロックフェラー系列の証券会社で、リトルロックに本社のあるステフェン・アンド・コーポレーションである。

一九八〇年代、ＣＩＡは南部各州を経由して中央アメリカに拳銃を出荷し、復路は麻薬を積んでいた。その出所は、コロンビアをはじめ二、三カ所あった。その活動の中心となったのが、アーカンソー州西部にあるメナの小さな村とメナ空港だった。

リアディ家が小さなファースト・ナショナル・バンク・オブ・メナを買収したのは、シカゴ・マーケットへのロンダリングのためだったと伝えられている（シカゴ・マーカンタイル取引所、シカゴ・ボード・オブ・トレード、シカゴ・オプション取引所の詳細については、われわれのウェブサイトにアクセスしていただきたい）。ロックフェラー家の援助を受け、リアディ家を介して、何十億ドルという麻薬マネーがこのルートで流れたと言われている。

どれだけ深く腐敗が進んでいるか、おわかりいただけただろう。この膨大な麻薬密輸の隠蔽に力を貸していたのが、アサ・ハッチンソンである。言っておくが、彼は最近、なんと麻薬取締局の局長に任命されている。

ウォルマートとＪ・Ｂ・ハント運送サービス。この二社が一九八〇年代にあれだけ急成長するための資金はどこから来たのだろうか？　たんに彼らが賢かったから成長したのだと考えているのなら、おとぎ話を固く信じているようなものだ。簡単に言うと、ロックフェラー家に操られ、ロックフェラーの代理人である自称「ビル・クリントン」（本名は何であれ）が知事を務めていた、アーカンソーという進歩の遅い州が、中国とアメリカの定期往復便の拠点になったのだ。

「証拠」という意味では、状況証拠は記録文書と同様の力を持ち得ることを認識する必要がある。目撃証人もなく、「記録」ではない状況証拠だけで、死刑が宣告される殺人事件もあるのだ。

平たく言うと、ウォルマートはロックフェラーと中国秘密警察の「隠れみの」である。ウォルマートの安売り価格が、秘密警察の下にある収容所や工場で、中国人強制労働者によって作られている製品の上に成り立っていることを、ウォルマートの幹部たちは知っているのではないだろうか？　ところで、アメリカ国内では、アメリカ開拓時代の奴隷の子孫に賠償金を払う動きがある。いつの日か中国本土で、強制労働者の家族と子孫に償いをするような動きが起こるだろうか？

ほかの店が二〇ドルで売っている商品を、ウォルマートは一〇ドルで売っている。そしてウォルマートは、強制労働者が作ったその商品に、わずか二〇セントしか払っていないと言われている。

一九八〇年代のウォルマートに関する記録はほとんどない。その時期ロックフェラー家は、アーカンソー州に、そしてアメリカの事業に、中国人を組み込んでいた。ロックフェラー家が中国と取引していることに、だれが気づいていただろうか？

ウォルマートの主要運送業者であり、同じように一九八〇年代に大きくなったのはどこか？ そう、アーカンソー州ローウェルを本拠地とするJ・B・ハント運送サービスである。J・B・ハントのドライバー数人が、申し分のない仕事を失う危険は冒したくないからと、オフレコを条件に、次のことを証言してくれた。

◉彼らには、自分が麻薬と思われる密輸品を運んでいると信じるに足る理由がある。

◉イリノイ州をはじめとする州当局は、J・B・ハントのトラックには手を出せないことを知っている。

密輸品や過積載、その他、積荷や違反に関する検問で、彼らのトラックが止められることはない。イリノイ州では、トラックはシカゴ郊外のJ・B・ハントのターミナルに向かっている。

彼らのウェブサイトwww.jbhunt.comでは、創業者ジョニー・ブライアン・ハントはこう表現されている。

「J・B・ハントは、アメリカにおけるシンデレラ物語を、最も魅力的な形で体現している。アメリカン・ドリームの生きた事例だ。彼は、何十億ドルという運送王国を創業当時と同じ熱意と不屈の精神で動かしている。だが若き日のハントは、これほどの財政的な成功を収めるよ

うになるとは思えなかった」〔傍点筆者〕

ここから、ロックフェラーのバイオリンが鳴り始める。

「一九二七年、物納小作人の子として生まれたハントは、アーカンソー州中北部と西部の綿花畑で働きながら育った」

物語という言葉はうまくはまっていると思う。それは、独占報道機関が宣伝する「アメリカン・ドリーム」の作り話だからだ。彼らのウェブサイトには、J・B・ハント運送サービスの「歴史」と称されるものが掲載されている。だが、どうやって一九八〇年代に急成長したかについてはほとんど触れられていない。ロックフェラー家がアーカンソー州を、アメリカにおける中国の前哨地に仕立てていた時期のことだ。そして中国秘密警察が、隠れみのであるウォルマートとその多様な部門を利用して、アメリカでどんどん勢力を伸ばしていった時期でもある。

二、三年前、ウォルマートは地方テレビ相手にけちなあら探しをした地方のテレビ局があった。なぜか？そう、ウォルマートはテレビであまり広告を打たなかったので、彼らを刺激する一つの手として、ちょっとした質問をすることから始めたのだ。

ウォルマートにその意図は正確に伝わった。ウォルマートが前より頻繁にテレビコマーシャルをしている現在、ここに書かれているような話は、うそつきで無節操な報道機関にはまったく受け入れられないに違いない。

ウォルマートその他の、アーカンソー州を本拠地とする「やり手事業家」の実態を理解するためには、われわれのウェブサイトに掲載されている「アメリカの中国秘密警察」の詳細な解説を読んでいただきたい。そこでも述べているように、朝鮮戦争の直後から中国秘密警察は、アメリカ国内での殺人や暴力を、罰を受けることなく許されてきた。

二〇〇一年四月、アメリカの偵察機が中国本土付近で、強制着陸させられる事件があった。中国側は乗員を人質として拘束した。しばらくのあいだ、ウォルマートと中国およびその強制労働者とのつながりを知っている事情通の人たちは、ウォルマートの店での不買運動を行なった。独占報道機関は、このことについてほとんど報道しなかった。

ウォルマートのような会社の資産の出所を理解するということになると、なぜこれだけ多くのアメリカ人が、こんなに無知なのだろう？　多くの人々は、体制の宣伝用の教科書が教えることしか知らずに育っている。あるいはマスメディアで見聞きしていることしか知らない。

グスタフス・マイヤーズの『アメリカ大富豪の歴史（History of The Great American Fortunes）』のような実証研究が話に出ることはほとんどない。この本には、それらの会社が、受けるべき起訴も刑罰も受けていない腐敗しきった犯罪者たちによって、設立されたものであることが示されている。

彼が綿密に引証したもう一冊の著書『最高裁判所の歴史（History Of The Supreme Court）』には、われわれの法体制は、最高レベルにおいて、犯罪者の判事に惑わされてきたことが示されている。一九世紀初めの著名な最高裁判所長ジョン・マーシャルもそうだった。金縁の額に入った彼の肖像画は、多くのロースクールに掲げられている。シカゴでは、彼の名のついたロースクールもある。けれども、マイヤーが引証しているように、最高裁判所長マーシャルは、自分が監督していたアメリカでも最高位にある裁判所、連邦最高裁判所における大規模な土地詐欺を隠蔽したのだ。それには彼自身の家族がかかわっていた。

もう一冊の重要な本は、ジョセフ・ボーキンによる『腐敗判事（The Corrupt Judge）』である。高い地位にある判事が、おもに特許裁判でいかに不正を働いたかが述べられている。無節操な出版社の人間は、こういう本を再版したり、ベストセラーとして宣伝したりするつもりはない。公共図書館のほこりだらけの本棚で、一冊でも見つけられたら運がよいほうだ。

ウォルマートの不正工作

アーカンソー州の北西端、ロジャースの近くに、北西アーカンソー地方空港がある。大統領となったクリントンが、一九九八年一一月七日、この新しい施設のオープン記念式典を行なった。この空港の滑走路は、現在最も大きい飛行機はもちろん、将来に向けて設計されている次世代ジャンボ機も、離発着が可能である。ここには自由貿易ゾーンがある。つまり、海外からノンストップで到着する航空機は、アメリカでない場所へ送るために積み換えを行なうと見なされ、アメリカ税関の検査の対象にはならないし、関税や通関手続料金が課せられないのだ。

ここには、膨大な数の飛行機が中国からノンストップでやって来る。そして無数の倉庫がある。法執行官は、自由貿易ゾーンでは、難なく規制を逃れられると主張している。中国からノンストップで到着する密輸品と伝えられる航空貨物を、黙って別の倉庫に移し、アメリカ国内の目的地に再出荷することができるのだ。

報告によると、自由貿易ゾーンのせいで、麻薬取締局（ＤＥＡ）その他の連邦当局は、自分たちには中国の貨物を検査する権限がない、と主張している。

（付随情報――ロス・ペローはかつて、アメリカのためになることには賛成だと公言した。彼の息子はテキサス州に自由貿易ゾーン空港を所有し、運営している。これは一考を要する）

中国その他の麻薬や武器の輸出地帯から北西アーカンソーに、どんな違法なものが隠密裡に入ってきているのだろう？　たとえば、ＡＫ47サブマシンガンのような、明らかに違法な武器が、スラム街の麻薬テロリストのストリートギャングに不法な手段で渡っている。大都市の警察との銃撃戦を扇動して、アメリカ国内に不安と混乱を引き起こすためだ。そういう武器は、ワン・ユン率いる中国軍所有の工場で製造される。彼は中国秘密警察の長でもある。〝クリントン〟という名前を使っている人物は、ときどきホワイトハウスでワン・ユンと会っていた。クリントンは、アメリカの財政や産業、そして軍事上の機密を中国秘密警察に渡したと伝えられている。

これまで、いくつかの記事のなかで詳述してきた話だが、非常に愛国心の強い二四名の司令官――陸海空軍の大将――から成るグループが、少なくとも一九九五年以降、最高司令官だったときの反逆罪で、クリントンを軍法のもとに逮捕しようとしていた。クリントンに謀反の罪で告発された場合、アメリカの公然の敵を援助し、支援したクリントンの背信行為を立証する記録をもって、自分たちを弁護する用意があった。だがそれは、もし生き残っていれば、の話である。

一九九五年以降、このグループのうち、アラスカ軍管区のデーヴィッド・マックロード大将、制服組の海軍将校としては最高位である海軍作戦部長のジェレミー・ブーダ大将を含め、一〇人が暗殺された。そして一九九五年四月一七日、アラバマ州アレクサンダーシティ付近で起きた、手抜き整備の飛行機の墜落で、軍のトップグループが殺された（クリントンが衰えつつあった自分の力を取り戻すのに利用した、オクラホマシティの爆破事件の二日前のことだ）。

このグループを支援した元ＣＩＡ長官ウィリアム・コルビーも、同様に暗殺された（被害者の家族や親しかった同僚、そのほか直接的に知っていた人たちにインタビューした結果、われわれはこれらの詳細の妥当性を確信している）。

「独立検察官」とされているケネス・Ｗ・スターは、四年間ビルとヒラリーのクリントン夫妻を追いかけ、最終的に、モニカ・ルウィンスキーとのビルの情事だけに的を絞ってしまった。

スターは膨大な時間を、個人的な弁護士業務に費やしていた。彼の個人的なクライアントとは？　なんとまあ、ワン・ユンなのだ。しかもスターは、北京政府のために働く未登録の他国ロビイストだった。したがって、スターとクリントンのエピソードは、疑うことを知らないアメリカの一般大衆をからかう、まったく卑劣なジョークだったのである。

これらの事実を知ったら、なぜわれわれが北西アーカンソーの新しい空港を「アメリカにおける中国の空港」と呼ぶかが理解できるだろう。その地域の地図を見てほしい。すぐそばのベントンヴィルには、ウォルマート・ストアやサムズ・クラブその他の関連会社の本社がある。先にも述べたように、ウォルマートは、秘密警察の権力のもとに強制労働者が作っている中国製品に依存している。さらに、これまた近隣のアーカンソー州スプリングデールには、またの名をタイソン・チキンズともいうタイソン・フーズの本社がある。タイソン・チキンズはアメリカの鶏肉市場を牛耳っており、タイソンは七〇以上の国に輸出している。前述したように、タイソン社は麻薬取引で一部の資金を調達していたと伝えられている。彼らが中国を訪れるのは、鶏肉の処理の「専門技術」を教えるためなのか、それとも伝えられているように、中国南西部からアメリカへの精製度の高いヘロイン「チャイナ・ホワイト」の輸出を、さらに手配するためなのだろうか？

中国から送られたものが、いったん北西アーカンソー地方空港に到着したあと、輸送の手配をするのはどこだと言われているのだろう？　もちろん、J・B・ハント運送サービスであることは間違いない。

そして、この不正なビジネスを支えるのに貢献しているのは、どこの裁判所とメディアの下部組織だろう？　ベントン郡では、大半の判事がウォルマートの株式を持っている。このことは、彼らに義務づけられている財務情報開示書に示されている。近隣のファイエットヴィルのダン・C・アイヴィーは、アメリカ全土とは言わないまでもアーカンソー州では数少ない、改革派弁護士の一人である。何が起こったかを話そう。

ウォルマートの「創業者」と言われているサム・ウォルトンの未亡人、ヘレン・ウォルトンが、自分の車を交差点でほかの車にぶつけた。相手はさまざまな損害について、ウォルトンの「財産」を相続した女性を訴えるよう、アイヴィー弁護士に依頼した。アイヴィーと裁判所の記録によると、ベントン郡の巡回判事トム・キースは、アイヴィーがウォルトン夫人の宣誓供述書を取るのを邪魔し、そのほかの手続きも妨害した。

「ベントンヴィル発――ファイエットヴィルの弁護士ダン・アイヴィーは水曜日、巡回判事トム・キースによって法廷侮辱罪とされ、ベントン郡拘置所に三六時間拘置されている」（二〇〇一年八月二日、Morning News/NWAonline.net に掲載されたオンラインニュースの記事より）

アイヴィーは、事前審問の記録の破棄を求める申し立てをしている最中で、キースに対してこの訴訟から降りるよう要求した。財務情報開示書に示されているとおり、判事がウォルマートの株式を所有しているからだ。

「アイヴィーは水曜日、ウォルトン一族とウォルマートは結託して、ベントン郡の警察官、メディア、行政府、そして裁判官を操り、クライアントに公正な審問の機会を与えないようにしている、と主張した。

彼は、ウォルトン一族とウォルマートが、さまざまな機関や慈善団体や個人寄付を使って、もっと広い範囲で郡を支配していると断言した。さらに、北西アーカンソーのタイムズとベントン郡のデイリー・レコードの発行に対する財政的な関与や、アーカンソーのデモクラット＝ガゼットとの企業提携は、ウォルマートとウォルトン家に関する情報の公表を操作しようという試みの表われだ、とも主張している」

また二〇〇一年八月二日の同じニュースソースには、こうも書かれていた。

「判事はかなりの量のウォルマートの株式を所有しているため、えこひいきをして、そういう共同謀議の片棒をかついでいるかのように思える、ともアイヴィーは主張している。彼はまた、デーヴィド・クリンガー判事、ゾリー・ダンカン判事、ドナルド・R・ハフマン判事もウォルマートの株式を所有しており、ウォルトン家やウォルマートに関する訴訟の審問にふさわしいのは、ジェイ・フィンチ判事だけだ、とも言及している」

この新聞の報告によると、キース判事はアイヴィーに、「自分はウォルマートの株式を一六五株所有しており、妻だけのための特有信託には二〇〇株ある」と告げたという（モーニング・ニュース紙はたぶん、ウォルマートが所有している新聞でも、ウォルマートに支配されている新聞でも、ウォルマートが合同事業に関与している新聞でもないのだろう）。

キース判事はアイヴィーを投獄し、自分が辞退すること、そして事前審問の記録を破棄することを求める申し立てを却下した。

この件を知った私は、トム・キース判事の事務所に電話をかけた。そして秘書に、この事件について判事に少し説明してもらいたい、と話した。判事は電話のすぐそばにいて、くすくす笑い、そのあと大声で笑っていた。彼の秘書はこう言った。「スコルニックさん、判事はあなたとお話ししたくないそうです。ウォルトン夫人の弁護士に電話をかけてください」

私が電話を切った四五分後、おかしなことに、ワン切りの電話が二〇回以上かかってきた。毎回無言電話だった。おいおい、これは厄介な記者たちにメッセージを送るための、新しい中国製の装置なのかい？

ロックフェラーの計画とウォルマート、そしてシカゴの悪徳判事……。

ウォルマートとシカゴの評判の悪徳判事

アーカンソー州のオーナー兼経営者として、ロックフェラー一族には二本の計画があった。ロックフェラーおよび中国の代理人として、ビル・クリントンが北西アーカンソー地方空港を建設する手配をした。これは不要な設備だと考える専門家もいた。たぶんそういう人たちはその空港が、ロックフェラーが支援する、三つのいわゆる成金企業に近い位置にあるということを考慮しなかったのではないだろうか。その企業は、この空港の近くに本社を構え、今や、全世界にとは言えないまでも、全米に勢力をのさばらせている。ウォルマート・ストアとその関連会社、タイソン・チキンズとも呼ばれるタイソン・フーズ、そして運送担当のＪ・Ｂ・ハント運送サービスの三社である。

石油マネーにまみれ、宣伝情報に惑わされている独占報道機関は、ロックフェラー家の計画にはほとんど触れず、彼らの姿を見せるときは必ず笑顔を映し出し、彼らとアーカンソー州の黒い関係にはめったに言及しない。

アヘンで中国を征服しようとした一九世紀のイギリスのように、ロックフェラー家は、計画の第一段階として、中国南西部から精製度の高いヘロイン「チャイナ・ホワイト」を流し込むことで、アメリカの庶民を操ろうとしている。

麻薬常習者たちは、パイプで吸うことができて、腕に針を刺す必要のない「チャイナ・ホワイト」を好む。

その過程でロックフェラー家は、中国およびその支配下にあるスリランカのような国々からの安い製品を国内に氾濫させることで、アメリカの熟練した職人や有能な労働力を弱体化させようとする中国に手を貸している。

その先頭に立っているのがウォルマートである。中国秘密警察の支配下にある収容所や工場で、中国人その他の強制労働者によって作られた製品は、他社よりも安く売ることができるのだ。

さらに、中国の秘密警察は反体制派の人間を捕まえ、意のままに投獄して、ロックフェラー家が牛耳る主要なアメリカの移植センターから、臓器の注文が来るのを待っている。裕福な患者からそういう注文を受けると、囚人は死刑を宣告され、後頭部を撃たれて、肝臓や腎臓などを切除される。それらの臓器がいちばんよく送られるのは、ロックフェラーのシカゴ大学病院の移植センターである。

「チャイナ・ホワイト」の取引、武器の密輸、臓器の摘出といった活動から得られる利益は、シカゴのマーケットで、為替や大豆の取引に見せかけてロンダリングされる（詳しくはわれわれのウェブサイトに掲載されている「アメリカの中国秘密警察」を参照していただきたい）。

ロックフェラーの計画の第二段階は、すべての――あるいは大部分の――ウォルマート本社機能を、シカゴに移すことである。

タイソン社はすでに、シカゴに大きな食品加工工場を建てている。そこでは、アメリカに密入国するよう仕向けられたメキシコ人が大量に雇われている。そういう労働者は、移民帰化局におびえている。そして雇う側にとっては、地元の労働者より都合がいい。地元の労働者は組合を組織し、賃金以外の給付をたくさん受けるからだ。なんだかんだ言っても、シカゴは伝統的に労働組合の町なのだ。

この計画をすべてうまく運ぶために、ウォルマートには、専断する堕落した連邦判事と、臆病な弁護士が必要である。そして、あれこれ質問する記者ではなく、公表される政府のうそを速記するような、何も見ずに金で動く報道機関もなくてはならない。

大企業はシカゴの連邦裁判所で争うのを好む。なぜか？ ある人の率直な意見のとおり、「シカゴには全米でいちばん安く買収できる、無節操な判事がいる」からだ。

われわれのウェブサイトに掲載されている話の中から一例を挙げよう。アーカンソー州ファイエットヴィルの改革派弁護士、ダン・C・アイヴィーはシカゴで、コカコーラとサイモン・マーケティングを著作権侵害で訴えている絵コンテのデザイナーに、担当弁護士として選ばれた。私は裁判所の改革者として四〇年にわたって観察してきたが、アイヴィーは、シカゴの連邦地方判事と何度も直接対決する勇気のある、数少ない弁護士の一人である。その判事は自分の法廷で詐欺を働いた。どうやって？ うその判決を下したのだ。つまり平たく言うと、判事の席から真っ赤なうそを堂々と述べることで、専断的で不正な裁定を隠蔽しようとしたのだ。隠蔽のために、シカゴ地方判事ブランチ・M・マニングは、アングロサクソン法で禁じられていることを行なった。つまり、一人の人間が自分自身を裁く判事席に着いたのだ。アイヴィーが六件の中立書で、彼女の「法廷での詐欺」を訴えたが、彼女は、自分は判事としてうそをついていないという判決を下した。

処罰を受けないので有名な大物ギャングと黒幕が、シカゴの連邦地方裁判所に彼女の席を置くために、莫大なお金を払ったと伝えられている。判事の職の売買について議論されることはほとんどない（われわれの「判事の職を買う」だけでなく、「コカコーラとＣＩＡと裁判所」および「コカコーラ・ボトラーズへの公開質問状」も参照していただきたい）。

シカゴ連邦地方裁判所からの上訴は、第七巡回区（イリノイ州、インディアナ州、ウィスコンシン州）連邦上訴裁判所に行く。ほとんどの訴訟はそこで終わる。なぜか？　連邦最高裁判所は、どうか後生ですから最高裁判所で審理していただきたいと嘆願する「物乞い」申立書に書かれた、何千という移送命令の申請の中から、ほんの一握りの訴訟しか取り上げないのだ。（彼らの怠惰と無関心は、一〇月から新しい連邦最高裁判所の任期が始まった時点で、そういう「物乞い」申立書が一六〇〇件あったことからもわかる。そういう申立書はどれもはねつけられるのだ。何の説明もなく、ただ一言「棄却」と書かれるだけで。どれも何の「メリット」もないのだろうか？　本当に？）

第七巡回区上訴裁判所の中心人物は、長年にわたって主席判事を務めるリチャード・Ａ・ポスナーと、その影であり助手であるフランク・Ｈ・イースターブルックである。

（イースターブルックが麻薬常習者であり、法廷での審問中にくすくす笑ったり天井に向かって大笑いしたりすることを、私は直接観察して確認し、自分のテレビ番組でレポートした。仕返しにポスナーとイースターブルックは、私と私のテレビ番組の同僚であるジョセフ・アンドルセッティを、第七巡回区のすべての法廷から締め出す命令を出した。私には「言論の自由」があるのは言うまでもない。だが連邦最高裁判所はわれわれの申立書に一言「棄却」だけを送り返してきた。つまり、われわれの「言論の自由」の権利は破棄されたのだ）

ポスナーもイースターブルックも、以前、ロックフェラーのシカゴ大学ロースクールの法学教授だった（独占報道機関が、シカゴ大学はロックフェラー家が設立して支配していることを、教えてくれたことはなかったのでは？ これであなたもおわかりだろう）。

もう一人の法学教授仲間が、連邦最高裁に収まっているアントニン・スカリアである。彼は非常に専横で無情なので、もし当時成人していたら、ベニート・ムッソリーニのファシスト政府の役人になっていただろう。スカリアが、ブッシュ対ゴアの訴訟において、ジョージ・W・ブッシュを、ホワイトハウスの「居住者」と「占有者」に仕立て上げるのに果たした重大な役割について、よく調べていただきたい。正式に就任しなかったが、人々の票を勝ち取った大統領はゴアだったのだ（二〇〇〇年の大統領選挙に関するわれわれのウェブサイトの話を参照していただきたい）。

裁判官の職にありながら、ポスナーとイースターブルックとスカリアは、義務づけられている年次財務情報開示書に、自分たちの後援者であるロックフェラーのシカゴ大学が有する、莫大な額の株式ポートフォリオの代理人でもあることを、明らかにしていない。その株式の中には、コカコーラやウォルマートをはじめとする大企業の株式が、大量に含まれている。彼らの不正な法廷で、有利な立場に立てるのはだれだろう？

ポスナー判事には得意分野がいくつかある。彼は司法制度の「経済効率」をテーマに、本や記事を書いている。簡単に言うと、彼は、勝ち目のない人に大企業を訴えたり悩ませたりすることを許すのは、経済的に「効率的」ではないと考えているのだ。

連邦弁護士会シカゴ支部主催のディベートで、ポスナー判事は、法律に関する連邦判事の意見は、法律と憲法の解釈のみに基づいていると考えている人々は、空想の世界に生きているのだ、という見解を述べた（弁護士向け新聞シカゴ・デイリー・ロー・ブルテンの二〇〇一年五月二四日号に報じられている）。

ポスナーは、法律と事実を信じるように学生に教えている法学教授を野次った。「〔法学教授〕ストーンは裁判所の機能の現実を見ていない、と意見した」のである。この記事には、次のようなポスナーの言葉も引用されている。「憲法学の教授が学生におとぎ話を教える理由が理解できない」

司法の権威としてのポスナー判事の、裁判所の「経済効率」に関する見解は、二〇〇一年六月二六日のシカゴ・デイリー・ロー・ブルテンに報告されているとおり、マサチューセッツ州ケンブリッジのハーヴァード大学出版発行のリチャード・A・ポスナー著『法理論の最前線（Frontiers Of Legal Theory）』に示されている。

ポスナー判事とイースターブルック判事のもう一つのお得意は、裁判官として判決で堂々と偽証することであり、独断で特定の企業をひいきする。しかもポスナー判事は、自分が個人的にかかわっている上訴についても、自分は不適格であると認めない。さらにポスナーが設立した訴訟サービス会社は、大がかりな贈賄に関与していると伝えられている（詳細はわれわれのウェブサイトを見ていただきたい。ポスナーがマイクロソフトの独占禁止訴訟の調停者だったときの話として「主席詐欺師がマイクロソフト裁判に」が掲載されている）。

裁判官の偽証とは何だろうか？　平たく言うとこういうことだ。裁判記録は明らかにシロであることを示しているのに、うそつきの汚職判事は、記録はクロを示していると主張する。そして汚職判事は、判例法を持ち出してクロとしている前例を適用し、自分に影響のある人に有利な判決を下す（ポスナーとイースターブルックは、判事の裁判上のうそを敢然と訴えた弁護士たちを、罰するぞと脅した。「主席詐欺師」の話を参照）。

ウォルマートの本社をシカゴに移すというロックフェラーの計画が推進されるうえで、ポスナーらシカゴ第七巡回区のおおかたの判事のように、ロックフェラーとつながっている元締め判事が、ロックフェラーの後ろ楯があるウォルマートを、いかなる「法律上の問題」からも守ることだろう。

例を挙げよう。アーカンソー州でウォルマートと係争中だったとき、弁護士のダン・アイヴィーはコカコーラを相手にシカゴで上訴した。「組長」のポスナーとイースターブルックの支配下にあった、シカゴ在任中の連邦上訴判事は全員、何の説明も論拠もなく、アイヴィーが弁護士として法廷に現われることを許可しない命令を出し、上訴を妨害しようとした。ヘレン・ウォルトンとウォルマートにたてつく改革派弁護士は、こういう仕打ちを受けるのだ。ウォルマートはコカコーラの主要販売店であり、マクドナルドともつながりがあるのではないだろうか？

シカゴ・マーケットでの中国秘密警察のマネー・ロンダリングに同調しない、シカゴのもっと独立心旺盛な商品および為替のトレーダーに、何が起こっているかを話そう。それはシカゴ・ボード・オブ・トレード、シカゴ・マーカンタイル取引所、そして基本的にその義兄弟ともいえるシカゴ・オプション取引所のことである。

一九八九年の一月、ジョージ・ハーバート・ウォーカー・ブッシュの大統領就任式の翌日、シカゴの商品および為替トレーダー四六名の連邦刑事訴訟が始まった。副大統領だったときに、大ブッシュはこの起訴を扇動した。そこで取りざたされたのは、ほとんどが五ドル程度の「先回り取引」における不一致で、苦情を言う顧客などいないような、業界でも長年認められてきた慣例である。

私は一九九二年に、その訴訟の口頭弁論が行なわれている、シカゴの連邦上訴裁判所の法廷を傍聴した。たとえば、「大豆の一〇人《ソイビーン・テン》」として知られる被告のグループは、明らかに前科もないのに、拘留されたまま保釈が許されていなかった。私はそこにいた、百万ドルで雇われた弁護士のアラン・ダーショウィッツに、第七巡回区の判事たちの深刻な利害対立を指摘したが、無駄だった。上訴審理の前にも教えていたのだが、無駄だったのだ。

三名の判事から成る聴聞団の長を務めていたのは、全米一の金持ち判事である、連邦上訴判事のリチャード・D・カダヒーである。長大な強制年次財務情報開示書によるとカダヒーは、被告と対立する食肉加工業界と商品業界と深いかかわりのある、パトリック・カダヒー・トラストを率いている。彼は自分を不適格とするべきだったのに、ダーショウィッツは受け取ったお金を数えるのに忙しかったうえ、あまりに臆病で強硬に反対することができなかった。

私は聴聞の前に、傍聴席にいた「ソイビーン・テン」の親類に情報を提供した。だが親類たちは、どういうわけか自分たちを高慢な法の権威と同じ部類だと考えていて、私を愚弄した。「あなたは何なんだ、スコルニックさん？　私たちはあなたのいう詳細な情報などに興味はないよ」

私は思わず口に出しそうだった。「あなたがたの親類は、体制にへつらっているから、当然の報いをうけることになるんだ」。被告のトレーダーたちは、シカゴ・マーケットを支配している中国秘密警察と、彼らの麻薬や武器や臓器のマネー・ロンダリングに、きちんと手を貸さないからといって、カダヒー判事の肉ひき機にかけられようとしていることを、彼らは知らなかったし、知ろうともしなかったのだ。

そういうわけで、ロックフェラーの操り人形であるウォルマートは、計画中の新本社のために、安全で確実な場所をシカゴに確保するだろうか？　悪徳連邦判事という、ウォルマートの擁護者は宣誓している。だが汚職判事たちは内心、合衆国憲法ではなく、自分たちの口達者な後援者であるロックフェラー家の計画を守ると誓っているのだ。

この問題に引き続き注目を。

ウォルマートがアメリカを そして世界《せかい》を破壊《はかい》する

◉著者
ビル・クィン

◉訳者
大田直子《おおたなおこ》

◉発行
初版第1刷　2003年9月5日

◉発行者
田中亮介

◉発行所
株式会社 成甲書房

郵便番号101-0051
東京都千代田区神田神保町1-42
振替00160-9-85784
電話03(3295)1687
E-MAIL mail@seikoshobo.co.jp
URL http://www.seikoshobo.co.jp

◉印刷・製本
株式会社シナノ

Printed in Japan, 2003
ISBN4-88086-151-0

定価はカバーに表示してあります。
乱丁・落丁がございましたら、
お手数ですが小社までお送りください。
送料小社負担にてお取り替えいたします。